Birgit Dickemann-Weber

Prüfung für Personalfachkaufleute (

FRAGE - ANTWORT - LERNKARTEN

Handlungsbereich 2

PERSONALARBEIT AUF GRUNDLAGE RECHTLICHER BESTIMMUNGEN

13. AUFLAGE 2024

DICKEMANN-WEBER VERLAG

Bibliografische Information der Deutschen Nationalbibliothek:

Die Deutsche Nationalbibliothek verzeichnet diese Publikation in der Deutschen Nationalbibliografie. Detaillierte bibliografische Daten sind im Internet über http://dnb.d-nb.de abrufbar.

Der Text enthält in der Regel Gruppenbezeichnungen, Berufsbezeichnungen etc. nur in der männlichen Form. Dies dient der sprachlichen Vereinfachung, um sperrige Doppelformulierungen wie Personalfachkauffrau/Personalfachkaufmann zu vermeiden und so den Text lesbarer zu gestalten. Selbstverständlich werden Personalfachkauffrauen in unserem Buch völlig gleichberechtigt angesprochen.

Keine Publikation ist perfekt und fehlerfrei. Anregungen, konstruktive Kritik und sonstige Verbesserungsvorschläge unserer Leser sind daher willkommen und werden gerne aufgenommen. Kontaktieren Sie uns bei Bedarf unter der unten genannten E-Mailadresse.

13., überarbeitete Auflage 2024
ISBN 978-3-943772-19-7
Autor: Birgit Dickemann-Weber
Satz: Dickemann-Weber GmbH & Co. KG
Fotos: Umschlag: ©AllebaziB - Fotolia.com
Webseite: http://dickemann-weber.com
E-Mail: info@dickemann-weber.com

Vorwort

Vielen Dank, dass Sie sich für meinen Frage- und Antwort-Kartensatz „Prüfung Personalfachkaufleute (IHK) - Handlungsbereich 2 - Personalarbeit auf Grundlage rechtlicher Bestimmungen durchführen" entschieden haben, der Ihnen hiermit in **dreizehnter Auflage** vorliegt.

Die Weiterbildung für den IHK-Abschluss „Geprüfte Personalfachkauffrau (IHK)/Geprüfter Personalfachkaufmann (IHK)" ist äußerst umfangreich und anspruchsvoll, da viele betriebliche Abläufe eng mit den Tätigkeiten in der Personalabteilung verzahnt sind. Meine über fünfzehnjährige Erfahrung als Dozentin und Prüferin bei verschiedenen IHKs hat mir gezeigt, dass sich viele angehende Personalfachkaufleute schwer tun, den sehr komplexen Stoff in seiner Gesamtheit zu erlernen.

Diese Frage-Antwort-Karten unterstützen Sie bestmöglich beim Lernen und Verstehen der Lerninhalte, aber auch bei der Lernkontrolle und dem Lernen in der Gruppe. Sie orientieren sich eng am Rahmenplan der DIHK. Mit mehr als 400 Fragen bzw. Aufgabenstellungen werden Sie intensiv auf mögliche Fragestellungen in der Prüfung vorbereitet. Die Antworten sind kompakt, aber nie knapp gehalten, und darauf ausgerichtet, dass Sie sich effizient auf die Prüfung vorbereiten und ein gutes Ergebnis erzielen können.

In die Frage-Antwort-Karten ist auch die Taxonomie der DIHK eingearbeitet, sodass Sie beim Lernen eine Orientierung bekommen, wie detailliert Sie ein Thema beherrschen sollten.

Im Verlag Dickemann-Weber erhalten Sie neben dem Lehrbuch für den Handlungsbereich 2 auch für die drei weiteren Handlungsbereiche Lehrbücher und die zugehörigen Frage-Antwort-Karten sowie Lernkartensätze.

Ich wünsche allen Leserinnen und Lesern viel Freude beim Lernen und eine erfolgreiche Prüfung.

Birgit Dickemann-Weber

Erlenbach b. Kandel, Februar 2024

Autorin

Birgit Dickemann-Weber studierte zunächst Sozialpädagogik mit Abschluss zur Diplom-Sozialpädagogin (BA) und absolvierte danach erfolgreich an der Universität Mainz das Studium der Rechtswissenschaften mit anschließender Referendarausbildung beim Landgericht in Karlsruhe. In der Folge sammelte sie als Personalreferentin bei einem börsennotierten Unternehmen umfangreiche Erfahrungen im Personalmanagement. Qualifizierungen zur Personalentwicklerin und zur gepr. Wirtschaftsmediatorin (BA) runden ihr Profil ab.

Seit 2002 ist sie als freiberufliche Referentin und Trainerin in verschiedenen Bildungszentren der IHK in den Bereichen Recht, Personalführung und Ausbildung der Ausbildung tätig und berät Unternehmen, sowie Fach- und Führungskräfte in allen Fragen des Personalmanagements. Sie war zudem jahrelang Prüferin bei der Industrie- und Handelskammer Karlsruhe.

Als Fachbuchautorin schrieb und veröffentlichte sie mehr als 30 Titel u.a. für Personalfachkaufleute, Industriemeister und Fachwirte.

Verlag

Der **Verlag Dickemann-Weber** wurde 2008 von Birgit Dickemann-Weber und Dirk Weber gegründet. Was als kleines Projekt zur Verbesserung der Weiterbildungsliteratur für IHK-Prüfungen begann, hat sich zwischenzeitlich zu einer echten Erfolgsgeschichte entwickelt. Der Verlag hat es sich zur Aufgabe gemacht, Fachliteratur zu veröffentlichen, die modern gestaltet und leicht verständlich ist. Besonders die konsequente Ausrichtung auf das Bestehen der Prüfungen steht im Fokus.

Der Verlag beschäftigt eine Reihe von hochmotivierten Mitarbeitern und arbeitet mit einer Vielzahl von Autoren zusammen. Das Unternehmen hat seinen Sitz in Erlenbach bei Kandel.

Hinweise zu diesen Lernkarten

Für wen sind die Lernkarten gedacht?

Als angehende Geprüfte Personalfachkaufleute werden Sie später in Ihrem Unternehmen verantwortliche Tätigkeiten und Funktionen in der Personalwirtschaft, Personalberatung oder Personal- und Organisationsentwicklung wahrnehmen. Sie müssen vielfältige Aufgaben sowohl im operativen als auch administrativen Bereich beherrschen und werden auch gestalterisch die Personalpolitik beeinflussen.

Diese Lernkarten wenden sich an die Weiterbildungsteilnehmer, die ihren IHK-Abschluss erfolgreich ablegen möchten.
Die Inhalte des Handlungsbereichs 2 werden kompakt und leicht verständlich mittels Fragen bzw. Aufgabenstellungen vermittelt. Sie eignen sich für die Vor- und Nachbereitung des Unterrichts und als umfassende Hilfe zur Lernkontrolle und Prüfungsvorbereitung.

Inhalt und Aktualität

Die Gliederung und die Inhalte der Lernkarten sind auf den aktuellen Rahmenplan der DIHK und auf die Rechtsverordnung über die Prüfung „Geprüfte Personalfachkauffrau (IHK)/Geprüfter Personalfachkaufmann (IHK)" abgestimmt.
Diese Karten sind aktuell auf dem Prüfungsstand für das Jahr der Auflage und für die Frühjahrsprüfung des Folgejahres, sofern es innerhalb des Jahres der Auflage keine prüfungsrelevanten Gesetzesänderungen gibt. Unterjährige prüfungsrelevante Gesetzesänderungen sind die Ausnahme. Wir sind bemüht in diesen Ausnahmefällen die entsprechenden Änderungen auf unserer Webseite zu veröffentlichen.
Weitere Informationen zur Aktualität unserer Produkte erhalten Sie auf unserer Webseite **www.dickemann-weber.com**.
Wir bieten dort Aktualisierungen, Verbesserungen und Neuerungen zu unseren Büchern, Lernkarten und Frage-Antwort-Karten an, sodass Sie jederzeit auf dem neuesten Stand sind.

Weitere Unterstützung für Ihre Prüfung

In den Kapiteln „Taxonomie" und „Strukturierung der schriftlichen Prüfung" erhalten Sie weitere hilfreiche Informationen für die Prüfungsvorbereitung.

Das unterrichtsbegleitende Lehrbuch für diesen Handlungsbereich sowie Lehrmaterialien für die anderen drei Handlungsbereiche finden Sie unter **www.dickemann-weber.com**.

Strukturierung der schriftlichen Prüfung

Die DIHK-Bildungs-GmbH hat ab der Frühjahrsprüfung 2012 die **„Strukturierung der schriftlichen Prüfung"** verbindlich eingeführt und veröffentlicht, um vorab mehr Transparenz zu schaffen und eine klare Orientierung zu geben.

Mit der Strukturierung werden die Themenschwerpunkte der schriftlichen Prüfungen und ihre prozentuale Verteilung Teilnehmern, Bildungsträgern und Prüfern bekannt gemacht. Die Vergleichbarkeit von Prüfungen soll damit garantiert werden.

Mit den Angaben zur „Strukturierung der schriftlichen Prüfung" erhalten Sie in diesen Lernkarten weitere hilfreiche Informationen für die Prüfungsvorbereitung. Auf diese Weise können Sie sich exakt an den Prüfungsanforderungen orientieren und entsprechend differenziert lernen.

Folgende Angaben können der Strukturierung entnommen werden:

1. Angabe, welche Gliederungspunkte aus dem Rahmenplan im jeweiligen schriftlichen Prüfungsfach prüfungsrelevant sind.
2. Angabe, welche Themen aus dem Rahmenplan im jeweiligen schriftlichen Prüfungsfach prüfungsrelevant sind.
3. Angabe, wie viele Punkte für die Prüfungsaufgabe(n) in dem genannten Prüfungsthema vergeben werden.

Es handelt sich bei den Angaben der „Strukturierung" um Richtwerte. In einzelnen Fällen kann davon in geringem Umfang abgewichen werden. Die Strukturierung gilt nur für die bundeseinheitlichen schriftlichen Prüfungen und nicht bei den mündlichen Prüfungen. Themen einer mündlichen Prüfung können weiterhin alle aufgeführten Inhalte eines Prüfungsfaches gemäß Rahmenplan sein.

Diese Strukturierung gilt seit der Frühjahrsprüfung 2012. Änderungen an der Strukturierung können auf der Homepage der DIHK-Bildungs-GmbH unter dem Stichwort „Strukturierung" eingesehen werden.

Strukturierung Handlungsbereich 2: Personalarbeit auf Grundlage rechtlicher Bestimmungen durchführen

In der folgenden Tabelle ist die Strukturierung für die schriftliche Prüfung „Handlungsbereich 2" aufgeführt.

Rahmenplan	Thema	Punkte ca.
2.1	Individuelles und kollektives Arbeitsrecht anwenden	45
2.2	Rechtswege kennen und das Prozessrisiko einschätzen	5
2.3	Einkommens- und Vergütungssysteme umsetzen	10
2.4	Sozialversicherungsrecht anwenden	10
2.5	Sozialleistungen des Betriebes gestalten	10
2.6	Personalbeschaffung durchführen	10
2.7	Administrative Aufgaben einschließlich der Entgeltabrechnung bearbeiten	10
		100

Beispiel:

In der schriftlichen Prüfung wird also 45% der zu vergebenden Punkte im Thema „Individuelles und kollektives Arbeitsrecht anwenden" geprüft.

Die Strukturierung finden Sie zusätzlich auch noch auf jeder Kapitelkarte, mit der jedes der oben genannten Themen beginnt.

Taxonomie der Lernziele (Anwendungstaxonomie)

Die DIHK hat mit dem Rahmenplan Geprüfter Personalfachkaufmann/Geprüfte Personalfachkauffrau eine Beschreibung der Qualifikationsinhalte veröffentlicht, die den Teilnehmern während der Weiterbildung vermittelt werden sollen. Diese Qualifikationsinhalte sind aus den Anforderungen der beruflichen Praxis abgeleitet.

Mit der Anwendungstaxonomie wird erläutert, wie und in welchem Umfang die Lernziele der Qualifikationsinhalte beherrscht werden sollen. Angelehnt an übliche Taxonomien werden von der DIHK drei Ebenen verwendet, um die Lernziele zu klassifizieren. Die drei Ebenen bauen aufeinander auf. Die nächste Ebene kann nicht erreicht werden, wenn nicht die vorherige beherrscht wird.

Folgende Tabelle beschreibt die Ebenen der Taxonomie, das Symbol, das in diesen Karten dafür verwendet wird, und die Zuordnung zur Anwendungstaxonomie, die in Form von typischen Verben dargestellt wird.

Wissen (Kenntnisse)		Der Teilnehmer hat Kenntnisse (Fakten, Daten, Theorien, Definitionen) erworben und kann diese abrufen und wiedergeben.	kennen
Verstehen (Zusammenhänge)		Der Lernende kann den Sachverhalt mit eigenen Worten wiedergeben, zusammenfassen und verstehen. Er kann die Zusammenhänge erkennen und Lösungen für die Aufgabe oder das Problem entwickeln.	begründen, beurteilen, bewerten, erkennen, unterscheiden, verstehen, zuordnen
Anwenden (Handlungen)		Der Teilnehmer kann seine erworbenen Kenntnisse auf neue konkrete Aufgaben übertragen und sach- und fachgerecht handeln.	anwenden, auswählen, beachten, beherrschen (praktisch), berechnen, durchführen, einsetzen, ermitteln, erstellen, gewährleisten, unterstützen, wahrnehmen

In den Lernkarten wird die Taxonomie folgendermaßen dargestellt: Auf der Vorderseite einer Karte finden Sie rechts unten die Zuordnung zur Taxonomie.

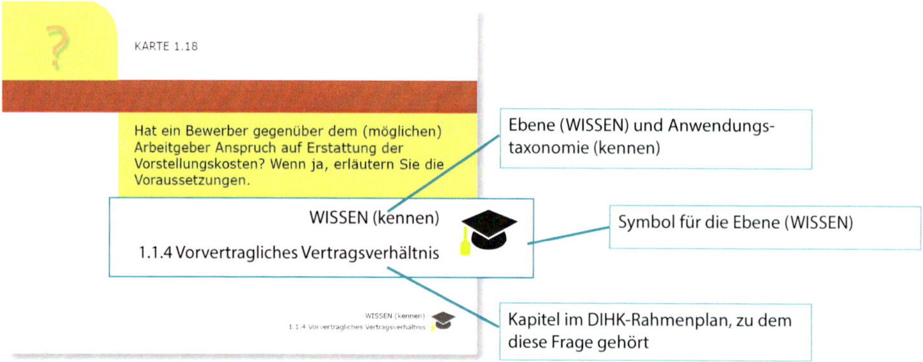

Sie können so beim Lernen der Karten sofort sehen, in welchem Umfang Sie die Frage beantworten sollten.

In dem oben gezeigten Beispiel können Sie daher herauslesen, dass Sie die Frage 1.18 zu „Voraussetzung für die Erstattung von Vorstellungskosten" WISSEN müssen und zwar in dem Sinne, dass Sie die Voraussetzungen KENNEN müssen. Sie sollen also z.B. erklären können unter welchen Voraussetzungen die Kosten erstattet werden.

Den Lerninhalt zu dieser Frage finden Sie im Rahmenplan bzw. auch in unserem Lehrbuch im Kapitel „1.1.4 Vorvertragliches Vertragsverhältnis".

Individuelles und kollektives Arbeitsrecht anwenden 1

Strukturierung der schriftlichen Prüfung	45%

KARTE 1.1

? Was versteht man unter Recht?

WISSEN (kennen)
Einleitung

Was versteht man unter Recht?

Unter Recht versteht man die **Gesamtheit der Rechtsnormen**, die effektiv zu einer bestimmten Zeit, in einem bestimmten Bereich gelten.

- Recht im **objektiven Sinne** ist die Ordnung des menschlichen Zusammenlebens, deren Einhaltung durch staatlich organisierten Zwang garantiert wird.
- Recht im **subjektiven Sinne** ist die Befugnis einer Person, etwas zu tun oder zu unterlassen.

KARTE 1.2

? Erläutern Sie drei Funktionen des Rechts.

WISSEN (kennen)

Einleitung

Erläutern Sie drei Funktionen des Rechts.

Recht hat folgende Funktionen:

Friedensfunktion	Recht soll sozialen Frieden herstellen, indem es klare Verhaltensregeln aufstellt und Streitigkeiten durch bindende Urteile beendet.
Ordnungs-, Garantie- und Rechtssicherheitsfunktion	Eine klare Existenz von Regelungen bietet Ordnung und Rechtssicherheit.
Steuerungs- und Gestaltungsfunktion	Durch Rechtsnormen wird das Verhalten der Bevölkerung gestaltet, gesteuert und umgesetzt.
Freiheitsfunktion	Recht sichert dem Einzelnen Freiräume zu, die ihn vor staatlicher Machtausübung, aber auch vor Zugriffen Dritter schützen.
Kontrollfunktion	Rechtsausübung sowie Normen und Werte sind überprüfbar.
Integrationsfunktion	Recht dient der Integration von Gesellschaften, durch Rechtseinheit und gemeinsames Rechtsbewusstsein.

KARTE 1.3

?

Das Recht wird in öffentliches Recht und Privatrecht unterteilt. Erläutern Sie, was man unter öffentlichem und privatem Recht versteht und nennen Sie jeweils drei Beispiele.

Erläutern Sie, was man unter öffentlichem und privatem Recht versteht und nennen Sie jeweils drei Beispiele.

Privatrecht	Öffentliches Recht
Verhältnis Bürger zu Bürger Beziehung zwischen zwei **rechtlich gleichgestellten Personen (Parteien)**	**Verhältnis Staat zu Bürger** Beziehung des **Einzelnen zum Staat** sowie Beziehung der **Hoheitsträger zueinander**
Beispiele: Bürgerliches Recht (BGB), Handelsrecht (HGB), Arbeitsvertragsrecht	Beispiele: Völkerrecht, Staats- und Verfassungsrecht, Verwaltungsrecht, Sozialrecht, Steuerrecht, Strafrecht

KARTE 1.4

?

Was versteht man unter Arbeitsrecht?

Was versteht man unter individuellem und kollektivem Arbeitsrecht?

WISSEN (kennen)

Einleitung

Was versteht man unter Arbeitsrecht?

Das Arbeitsrecht lässt sich als **Recht der Arbeitsverhältnisse** beschreiben. Es ist das **Schutzrecht der Arbeitnehmer**. Seine Aufgabe ist es, den im Regelfall strukturell unterlegenen Arbeitnehmer durch gesetzliche Vorschriften vor einem Missbrauch der Machtstellung des Arbeitgebers zu schützen.

Was versteht man unter individuellem und kollektivem Arbeitsrecht?

Individuelles Arbeitsrecht	Das individuelle Arbeitsrecht regelt das **Verhältnis zwischen dem Arbeitnehmer und dem Arbeitgeber.**	Das **gesamte Arbeitsvertragsrecht** (wie Zustandekommen des Arbeitsvertrages, Arbeitszeit, Arbeitsentgelt, Beendigung des Arbeitsverhältnisses) **Wichtige Gesetze:** TzBfG, BGB, KSchG
Kollektives Arbeitsrecht	Das kollektive Arbeitsrecht regelt die **Rechtsbeziehung** **und** **das Recht der arbeitsrechtlichen Koalitionen** (= Gewerkschaften, Arbeitgeberverbände). Dazu gehören insbesondere ■ das Tarifvertragsrecht, ■ das Arbeitskampfrecht (Streiks, Aussperrungen) und ■ die Mitbestimmung in Unternehmen und Betrieben (BetrVG).	**Wichtige Gesetze:** BetrVG, TVG

KARTE 1.5

?

Was ist eine Stellenanzeige?

Was ist bei der Formulierung einer Stellenanzeige zu beachten?

Was ist eine Stellenanzeige?

Eine Stellenanzeige ist eine **unverbindliche Einladung** zur Abgabe eines Angebotes.

Was ist bei der Formulierung einer Stellenanzeige zu beachten?

Die Stelle ist geschlechtsneutral und altersneutral auszuschreiben.

- Nach *§ 1 in Verbindung mit § 7 AGG* ist eine geschlechts- und/oder altersspezifische Diskriminierung zu vermeiden. Stellenausschreibungen müssen daher mit geschlechts– und altersneutralen Texten formuliert werden, z.B. Personalfachkaufmann/-frau.
- **Ausnahmen** sind möglich, wenn ein **sachlicher Grund** für die unterschiedliche Behandlung nach *§§ 8, 9, 10 AGG* gegeben ist.

  Dieser Grund muss eine wesentliche und entscheidende berufliche Anforderung darstellen, d.h., das **Geschlecht bzw. Alter muss unverzichtbare Voraussetzung für die Stelle sein.**

KARTE 1.6

?

Wie ist die Rechtslage, wenn der Arbeitgeber in der Stellenausschreibung geschlechts- oder altersspezifisch diskriminiert?
In welchem Zeitraum muss der Bewerber Klage auf Schadensersatz wegen Diskriminierung erheben?

Wie ist die Rechtslage, wenn der Arbeitgeber in der Stellenausschreibung geschlechts- oder altersspezifisch diskriminiert?

Bei einer Diskriminierung besteht **kein Einstellungsanspruch.**

Jedoch kann der diskriminierte Bewerber nach ***§ 15 AGG* Schadensersatz** verlangen.

Nach § 15 Abs.2 AGG darf die Entschädigung bei einer Nichteinstellung **drei Monatsgehälter** nicht übersteigen, wenn der Bewerber auch bei benachteiligungsfreier Auswahl nicht eingestellt worden wäre.

Aber, keine Diskriminierung liegt vor, wenn der Bewerber nicht zum Anforderungsprofil passt (Urteil BAG vom 19.08.2010).

In welchem Zeitraum muss der Bewerber Klage auf Schadensersatz wegen Diskriminierung erheben?

Zunächst muss der Bewerber den Schadensersatzanspruch gegenüber dem „diskriminierenden Arbeitgeber" innerhalb von **zwei Monaten nach Zugang der Ablehnung oder nach Kenntnis der Benachteiligung** schriftlich geltend machen, ***§ 15 Abs.4 S.1 AGG.***

Nachdem der Anspruch beim „diskriminierenden AG" schriftlich geltend gemacht worden ist, kann/muss eine Klage auf Entschädigung nach § 15 AGG **dann innerhalb von drei Monaten beim Arbeitsgericht** erhoben werden, ***§ 61 b ArbGG.***

KARTE 1.7

?

Wer trägt die Beweislast für die Diskriminierung?

Kann sich ein Bewerber „gewerbsmäßig“ auf diskriminierende Stellenausschreibungen bewerben, um Schadensersatz einzuklagen?

Wer trägt die Beweislast für die Diskriminierung?

Der **Bewerber** muss nur glaubhaft machen, dass er wegen seines Geschlechts bzw. wegen seines Alters schlechter behandelt worden ist. Der **Arbeitgeber** muss dann nachweisen, dass er den Bewerber nicht diskriminiert hat (→ **Beweislastumkehr**).

Kann sich ein Bewerber „gewerbsmäßig" auf diskriminierende Stellenausschreibungen bewerben, um Schadensersatz einzuklagen?

Nein, hier handelt es sich um einen Missbrauch des Rechtssystems.

Der Bewerber muss von seiner Qualifikation her objektiv in der Lage und subjektiv gewillt sein, die ausgeschriebene Stelle anzunehmen.

KARTE 1.8

?

Nennen Sie vier typische Methoden, mit denen der Arbeitgeber die Eignung eines Bewerbers prüfen kann.

Nennen Sie vier typische Methoden, mit denen der Arbeitgeber die Eignung eines Bewerbers prüfen kann.

Eignungsfeststellung durch

- Analyse der Bewerbungsunterlagen
  (wie Analyse des Bewerbungsschreibens, des Lebenslaufs, der Zeugnisse)
- Vorstellungsgespräch
  (wie Analyse des Ausdrucksverhaltens, des Leistungsverhaltens, des Sozialverhaltens)
- Tests
  (wie Leistungs-, Intelligenz-, Persönlichkeitstests)
- Medizinische Untersuchungen
- Auskunft des bisherigen Arbeitgebers
- Assessment Center AC

KARTE 1.9

?

Nennen Sie fünf Unterlagen, die in eine Bewerbung gehören.

Nennen Sie fünf Unterlagen, die in eine Bewerbung gehören.

Zu den Bewerbungsunterlagen gehören:

- Anschreiben
- Tabellarischer maschinengeschriebener Lebenslauf
- Lichtbild

  Beachte:

  Ein Lichtbild darf der Betrieb wegen möglicher Diskriminierung nicht mehr verlangen (→ Verstoß gegen das AGG)!
- Schulzeugnisse
- Arbeitszeugnisse
- Referenzen, Weiterbildungen, Qualifikationen
- Arbeitsproben

KARTE 1.10

? Nennen Sie vier Kriterien, nach denen ein Personalmitarbeiter die Bewerbungsunterlagen formal prüft.

Nennen Sie vier Kriterien, nach denen ein Personalmitarbeiter die Bewerbungsunterlagen formal prüft.

Bei der Beurteilung der Bewerbungsunterlagen ist zunächst das äußere Erscheinungsbild, die formale Gestaltung wichtig:

- Sauberkeit
- Fehlerfreie Unterlagen
- Lesbarkeit des Schriftbildes
- Gutes Bewerbungsfoto (falls vorhanden)
- Ordnung und Übersichtlichkeit der Unterlagen, gute Gestaltung
- Vollständigkeit der Unterlagen z.B.
  - → lückenlose Gliederung des Lebenslaufes,
  - → Zeitnachweise z.B. durch Zeugnisbelege
- Inhalt, Struktur und Aussagekraft des Anschreibens

KARTE 1.11

?

Beschreiben Sie fünf Fragestellungen, nach denen ein Personalmitarbeiter die Bewerbungsunterlagen inhaltlich prüft.

Beschreiben Sie fünf Fragestellungen, nach denen ein Personalmitarbeiter die Bewerbungsunterlagen inhaltlich prüft.

Inhaltliche Prüfung der Bewerbungsunterlagen bedeutet, dass der Informationsgehalt der Unterlagen analysiert wird. Dazu müssen folgende Fragen beantwortet werden:

- Reichen die Qualifikationen des Bewerbers aus, die Aufgabe zu erfüllen? → Stimmen Anforderungsprofil und Eignungsprofil überein (= **Aufgabenanalyse, Positionsanalyse**)?
- Passt der Gehaltswunsch des Bewerbers zur vorgestellten Gehaltseingruppierung des Unternehmens?
- Befindet sich der Bewerber in einem gekündigten oder ungekündigten Arbeitsverhältnis?
- Wann ist es dem Bewerber möglich, die Stelle zu übernehmen (→ schnellstmögliches Eintrittsdatum)?
- Was sagt das Anschreiben über die Beweggründe für den Arbeitsplatzwechsel aus?
- Was sagt der Lebenslauf über Kenntnisse in der Branche aus (= **Branchenanalyse**)?
- Was sagt der Lebenslauf über die Entwicklung des Bewerbers aus (= **Entwicklungsanalyse, Kontinuitätsanalyse**)?
- Bestehen Lücken im Lebenslauf und häufige Arbeitsplatzwechsel (= **Zeitfolgeanalyse**)?
- Was sagen die Arbeitszeugnisse über Leistung und Verhalten des Bewerbers aus (= **Analyse der Arbeitszeugnisse**)?

KARTE 1.12

? Nennen Sie je drei Vor- und Nachteile eines Vorstellungsgesprächs.

ANWENDEN (durchführen)
1.1.2 Auswahlverfahren

Nennen Sie je drei Vor- und Nachteile eines Vorstellungsgesprächs.

Vorteile des Vorstellungsgesprächs	Nachteile des Vorstellungsgesprächs
■ Man kann sich schnell einen **persönlichen Eindruck** verschaffen (insbesondere über Ausdrucksfähigkeit, Konzentrationsfähigkeit, äußeres Erscheinungsbild, Argumentationsfähigkeit, Überzeugungskraft, Motivation) ■ **Offene Fragen**, die sich aus den Bewerbungsunterlagen aufgrund Lücken oder Widersprüchlichkeiten ergeben, können sofort **geklärt** werden ■ **Individuelle Fragestellungen** sind möglich, z.B. nach den Gründen für den beabsichtigten Wechsel, den Erwartungen an den neuen Arbeitsplatz und den angestrebten beruflichen Werdegang ■ Kurzer zeitlicher Rahmen ■ Bewerber können im Einzelgespräch **von sich überzeugen**	■ **Beurteilungsfehler** wie Überbewertung des ersten Eindrucks, Sympathie-/Antipathieeffekt ■ **Wenig Vergleichsmöglichkeiten** der Bewerber untereinander, da mit den Bewerbern nacheinander Gespräche geführt werden ■ Soziale, fachliche und methodische Kompetenzen können nur unzureichend überprüft werden, z.B. Teamfähigkeit, Arbeitsweise, Führungsqualitäten, fachliche Fähigkeiten ■ Wenige Beobachter machen die Entscheidung **subjektiv** ■ **Kurzer Beobachtungszeitraum** ■ Bewerber können sich im Vorstellungsgespräch durch Falschaussagen und Übertreibungen in einem besseren Licht darstellen

KARTE 1.13

?

Welche Fragen muss der Arbeitnehmer beim Vorstellungsgespräch wahrheitsgemäß beantworten?

Welche Fragen muss der Arbeitnehmer beim Vorstellungsgespräch wahrheitsgemäß beantworten?

!

Rechtsprechung des Bundesarbeitsgerichtes BAG:

Das BAG hat entschieden, dass der Arbeitgeber Anspruch auf wahrheitsgemäße Beantwortung aller Fragen hat, die für ihn von „objektivem" Interesse sind, d.h. **alle Fragen, die mit der zu besetzenden Stelle in einem direkten Zusammenhang stehen** (= zulässige Fragen).

Das bedeutet:

→ Der Bewerber muss nur **zulässige Fragen wahrheitsgemäß beantworten.**

→ Bei **unzulässigen Fragen** hat der Bewerber ein **„Recht auf Lüge"!**

KARTE 1.14

?

Erläutern Sie generell, welche Fragen beim Vorstellungsgespräch zulässig sind und nennen Sie fünf Beispiele zulässiger Fragen.

Erläutern Sie generell, welche Fragen beim Vorstellungsgespräch zulässig sind und nennen Sie fünf Beispiele zulässiger Fragen.

Zulässig sind nur Fragen, die ...

- in erkennbarem **direktem Zusammenhang mit der zu besetzenden Stelle**/ geplanten Beschäftigung stehen, d.h., die Tatsachen müssen objektiv geeignet sein, das für den Arbeitgeber in einem Arbeitsvertrag liegende Risiko zu erhöhen.
- das **Persönlichkeitsrecht** des Bewerbers/Arbeitnehmers **beachten**,
  d.h., die Fragen dürfen nicht unverhältnismäßig in den **Intimbereich** des Bewerbers bzw. des Arbeitnehmers eindringen.
- die **Diskriminierungsverbote des AGG beachten.**

BEISPIELE ZULÄSSIGER FRAGEN:

- Frage nach dem **schulischen und beruflichen Werdegang**, Frage nach **Noten der Abschlussprüfung** sowie Frage nach **besonderen Kenntnissen**
- Frage nach **bestehendem (nachvertraglichem) Wettbewerbsverbot** mit früheren Arbeitgebern
- Frage nach **Krankheiten** und gesundheitliche Beschwerden, welche die **Leistungserbringung erheblich gefährden oder ausschließen**, sowie **ansteckende** Krankheiten
- Frage, ob eine **Strafverbüßung** aufgrund einer rechtskräftigen Verurteilung noch **bevorsteht.**
  Aber, die Frage nach einem laufenden Ermittlungsverfahren ist nicht zulässig. Jeder Betroffene gilt bis zur rechtskräftigen Verurteilung als unschuldig.
- Frage nach einer **Arbeits**- bzw. **Aufenthaltserlaubnis**

KARTE 1.15

? Erläutern Sie generell, welche Fragen beim Vorstellungsgespräch unzulässig sind und nennen Sie fünf Beispiele unzulässiger Fragen.

!

Erläutern Sie generell, welche Fragen beim Vorstellungsgespräch unzulässig sind und nennen Sie fünf Beispiele unzulässiger Fragen.

Unzulässig sind alle Fragen, die auf den rein persönlichen Bereich des Bewerbers abzielen und folglich in die **Intim- bzw. Privatsphäre des Bewerbers eindringen.**

BEISPIELE UNZULÄSSIGER FRAGEN:

- Frage nach **bestehender Schwangerschaft**
  BAG Urteil: Die Frage des Arbeitgebers nach einer Schwangerschaft vor der geplanten Einstellung einer Frau verstößt regelmäßig gegen AGG, da sie eine Benachteiligung wegen des Geschlechts darstellt.
- Frage nach **familiären und persönlichen Lebensumständen, Bindungen, Familienpläne, Kinderwünsche, private Gewohnheiten, sexuelle Identität, Alter**
  Diese Frage stellt einen erheblichen Eingriff in die Individualsphäre des Bewerbers dar. Und evtl. Verstoß gegen AGG.
- Frage nach **Schwerbehinderung**
  Diese Frage verstößt gegen AGG, da sie eine Diskriminierung Schwerbehinderter darstellt.
  Ausnahme: Der Bewerber ist aufgrund seiner Schwerbehinderung nicht in der Lage, die von ihm vertraglich geschuldete Arbeit aufgrund seiner körperlichen oder geistigen Gesundheit zu leisten.
- Frage nach **Vorstrafen**
  Diese Frage stellt einen erheblichen Eingriff in die Individualsphäre des Bewerbers dar.
  Ausnahme: Die Vorstrafe hat direkt mit dem zu besetzenden Arbeitsplatz zu tun, d.h., sie ist ihrer Art nach geeignet, die Eignung für den angestrebten Beruf in Frage zu stellen (z.B. Diebstahl bei Verkäufern, Vermögensdelikte bei Bankkassierern, Bilanzfälschung bei einem Buchhalter, Verkehrsstraftaten bei einem Kraftfahrer).
- Frage nach **Gewerkschaftszugehörigkeit oder nach Parteizugehörigkeit**
  Diese Frage verstößt gegen die Koalitionsfreiheit.
  Ausnahme: Man bewirbt sich direkt als Arbeitnehmer bei einer Gewerkschaft oder bei einer Partei.
- Frage nach **Religionszugehörigkeit**
  Diese Frage verstößt gegen AGG.
  Ausnahme: Man bewirbt sich direkt als Arbeitnehmer im sog. „verkündigungsnahen Bereich" bei einer Kirche.

KARTE 1.16

?

Erläutern Sie, welche möglichen Folgen eine Lüge des Bewerbers bei einem Vorstellungsgespräch haben kann.

Erläutern Sie, welche möglichen Folgen eine Lüge des Bewerbers bei einem Vorstellungsgespräch haben kann.

Zulässige Fragen	Unzulässige Fragen
Zulässige Fragen **muss** der Bewerber **wahrheitsgemäß beantworten**.	Bei unzulässigen Fragen hat der Bewerber ein **„Recht auf Lüge"**!
Folge: Bei Falschbeantwortung von zulässigen Fragen kann der Arbeitgeber 1. den **Arbeitsvertrag wegen arglistiger Täuschung nach § 123 BGB anfechten** **oder** 2. eine **fristlose Kündigung** aussprechen. **Hinweis:** Bei der Anfechtung wegen arglistiger Täuschung wird der Arbeitsvertrag **ohne Frist mit sofortiger Wirkung aufgehoben** und ist damit von Anfang an **un**wirksam. Dies gilt auch bei Personen mit einem besonderen Kündigungsschutz wie Schwangere, Betriebsräte etc.	**Folge:** Der Arbeitgeber kann bei Falschbeantwortung von unzulässigen Fragen **nicht anfechten** und **nicht kündigen**, da der Arbeitnehmer/ Bewerber bei **un**zulässigen Fragen ein **Recht auf Lüge** hat.

KARTE 1.17

? Erläutern Sie zwei Beteiligungsrechte des Betriebsrates bei der Vertragsanbahnung und beim Vertragsschluss.

Erläutern Sie zwei Beteiligungsrechte des Betriebsrates bei der Vertragsanbahnung und beim Vertragsschluss.

§ 94 BetrVG Personalfragebogen, Beurteilungsgrundsätze	■ **Mitbestimmungsrecht** des Betriebsrates beim **Personalfragebogen**, § 94 Abs.1 BetrVG ■ **Zustimmungspflicht** des Betriebsrates bei standardisierten Fragen im Einstellungsgespräch und bei allgemeinen **Beurteilungsgrundsätzen**, § 94 Abs.2 BetrVG
§ 99 BetrVG Mitbestimmung bei personellen Einzelmaßnahmen	■ In Betrieben mit mehr als 20 Arbeitnehmern muss der Betriebsrat **Einstellungen zustimmen**, § 99 Abs.1 S.1 BetrVG ■ Der Betriebsrat kann die **Zustimmung verweigern**, wenn ein Grund nach § 99 Abs.2 BetrVG vorliegt (→ **Vetorecht!**)

KARTE 1.18

?

Hat ein Bewerber gegenüber dem (möglichen) Arbeitgeber Anspruch auf Erstattung der Vorstellungskosten? Wenn ja, erläutern Sie die Voraussetzungen.

Hat ein Bewerber gegenüber dem (möglichen) Arbeitgeber Anspruch auf Erstattung der Vorstellungskosten? Wenn ja, erläutern Sie die Voraussetzungen.

Ja, der Bewerber hat gemäß *§ 670 BGB* **Anspruch auf Erstattung der Vorstellungskosten**, unter folgenden beiden Voraussetzungen:

1. **Aufforderung** des (möglichen) Arbeitgebers, sich persönlich vorzustellen (= **Einladung zum Vorstellungsgespräch**).

   Aber, eine unaufgeforderte Vorstellung, etwa auf ein Zeitungsinserat oder auf Veranlassung der Bundesagentur für Arbeit, begründet keinen Ersatz der Vorstellungskosten.

2. **Kein ausdrücklicher Ausschluss einer Zahlung durch den Arbeitgeber vor Anreise** des Bewerbers.

   Will der Arbeitgeber bei einer Einladung zum Vorstellungsgespräch die Erstattung ausschließen, muss er dies vor der Anreise des Bewerbers unmissverständlich erklären. Ein Ausschluss ist noch nicht anzunehmen, wenn es dem Bewerber freigestellt wird, sich vorzustellen.

BEACHTE

- Die Erstattungspflicht ist unabhängig von der späteren Begründung eines Arbeitsverhältnisses.
- Zu den Vorstellungskosten gehören alle mit dem Vorstellungsgespräch verbundenen notwendigen Auslagen, wie Fahrtkosten, Übernachtungskosten und Verpflegungskosten.

KARTE 1.19

?

Hat der Arbeitgeber ein Recht auf Einstellungsuntersuchungen?

Hat der Arbeitgeber ein Recht auf Einstellungsuntersuchungen?

Grundsatz:

Einstellungsuntersuchungen sind nur mit **Einwilligung des Bewerbers** möglich.

BEACHTE

- Mit der Einwilligung wird der untersuchende Arzt von der Schweigepflicht insoweit entbunden, wie die Eignung des Bewerbers in Frage steht.

  Dagegen ist der Arzt nicht berechtigt, die Diagnose dem Arbeitgeber mitzuteilen.
- Eine Untersuchung wegen HIV bedarf einer gesonderten Zustimmung des Bewerbers.

KARTE 1.20

? Hat der mögliche neue Arbeitgeber ein Recht auf Auskünfte des früheren Arbeitgebers?

WISSEN (kennen)

1.1.4 Vorvertragliches Vertragsverhältnis

Hat der mögliche neue Arbeitgeber ein Recht auf Auskünfte des früheren Arbeitgebers?

Ja, der „zukünftige" Arbeitgeber ist grundsätzlich berechtigt, Auskünfte über den Bewerber einzuholen.

Jedoch besteht für den früheren Arbeitgeber keine Rechtspflicht zur Auskunftserteilung.

Hinweis:

Der Bewerber kann jedoch dem zukünftigen Arbeitgeber untersagen, sich bei seinem **derzeitigen Arbeitgeber** zu erkundigen. Holt der Arbeitgeber, entgegen dem Wunsch des Bewerbers, Auskünfte beim derzeitigen Arbeitgeber ein und erwachsen diesem dadurch Nachteile, so ist der „zukünftige" Arbeitgeber schadensersatzpflichtig.

KARTE 1.21

? Hat der Arbeitgeber eine Verpflichtung zur Freistellung des Arbeitnehmers zur Stellensuche?

Hat der Arbeitgeber eine Verpflichtung zur Freistellung des Arbeitnehmers zur Stellensuche?

Ja, der Arbeitgeber hat die Verpflichtung, den Arbeitnehmer zur Stellensuche freizustellen, wenn er das Arbeitsverhältnis mit dem Arbeitnehmer kündigt oder einen Aufhebungsvertrag abschließt gem. *§ 629 BGB.*

Hinweis:

Unter Freistellung versteht man die **Befreiung von der Arbeitspflicht unter Fortzahlung der Vergütung.**

BEACHTE

- Der Arbeitnehmer hat die Freistellung **rechtzeitig**, d.h. mindestens zwei Tage vorher (oder vor Antritt) zu beantragen.
- Eine **eigenmächtige** Freizeitnahme ist nicht zulässig.

KARTE 1.22

? Nennen Sie fünf Verträge, in denen „Arbeit gegen Bezahlung“ geregelt werden kann.

Nennen Sie fünf Verträge, in denen „Arbeit gegen Bezahlung“ geregelt werden kann.

„Arbeit gegen Bezahlung“ kann in folgenden Verträgen geregelt werden:

- (Befristeter oder unbefristeter) Arbeitsvertrag
- Dienstvertrag
- Werkvertrag
- Arbeitnehmerüberlassungsvertrag
- Vertrag über Heimarbeit
- Freier Mitarbeitervertrag/ Vertrag über freie Mitarbeit
- Teilzeitarbeitsverhältnis
- Telearbeitsvertrag
- Probearbeitsverhältnis
- Aushilfsarbeitsverhältnis

KARTE 1.23

? Was ist das Wesen des Arbeitsvertrages nach § 611a BGB?

Was ist das Wesen des Arbeitsvertrages nach § 611a BGB?

Durch den Arbeitsvertrag ist

→ der **Arbeitnehmer** im **Dienste** eines anderen zur Leistung **weisungsgebundener, fremdbestimmter Arbeit in persönlicher Abhängigkeit** verpflichtet, ***§ 611a Abs. 1 BGB.***

→ der **Arbeitgeber** zur Zahlung der **vereinbarten Vergütung** verpflichtet, ***§ 611a Abs.2 BGB.***

Hinweise:

- Der **§ 611a BGB** wurde zum **1. April 2017** im Bürgerlichen Gesetzbuch (BGB) neu eingefügt. Damit wurde der **Arbeitsvertrag** als **eigener Vertragstyp** gesetzlich geregelt. Zudem wurden die Begriffe „**Arbeitsvertrag**" und „**Arbeitnehmer**" erstmals gesetzlich definiert.
- **Gesetzesbegründung**: § 611a BGB soll nach dem Willen des Gesetzgebers
  - → missbräuchliche Gestaltungen des Fremdpersonaleinsatzes durch vermeintlich selbständige Tätigkeiten (→ **Scheinwerkverträgen und Scheinselbständigkeit**) **verhindern** und
  - → die **Rechtssicherheit** der Verträge **erhöhen**.
- Für die Feststellung, ob ein Arbeitsvertrag vorliegt, ist eine Gesamtbetrachtung aller Umstände vorzunehmen (→ **Wertende Gesamtbetrachtung aller Umstände** nach ***§ 611a Abs.1 S.5 BGB***). Zeigt die tatsächliche Durchführung des Vertragsverhältnisses, dass es sich um ein Arbeitsverhältnis handelt, kommt es auf die Bezeichnung im Vertrag nicht an, ***§ 611a Abs.1 S.5 und 6 BGB.***

KARTE 1.24

?

Wer ist Arbeitnehmer? Erläutern Sie drei Merkmale, die für eine Arbeitnehmereigenschaft sprechen.

Wer ist Arbeitnehmer? Erläutern Sie drei Merkmale, die für eine Arbeitnehmereigenschaft sprechen.

!

Arbeitnehmer ist, wer aufgrund eines **privatrechtlichen Vertrags im Dienste eines anderen zur Leistung weisungsgebundener, fremdbestimmter Arbeit in persönlicher Abhängigkeit** verpflichtet ist, *§ 611a BGB.*

- **Privatrechtlicher Vertrag** d.h., nicht Beamte, Richter und Soldaten
- **Dienstleistungen für einen anderen in der Regel gegen Entgelt**
  - → Die Leistung ist von „Diensten" geschuldet d.h., es wird nur das Bemühen geschuldet und nicht der Erfolg (wie beim Werkvertrag nach § 631 BGB)
  - → Die Entgeltlichkeit grenzt den Arbeitsvertrag vom unentgeltlichen Auftrag nach § 622 BGB und der Geschäftsbesorgung nach § 675 BGB ab.
  - → Arbeitnehmer erhalten feste Vergütung und Abführung der Lohnsteuer und Sozialabgaben durch den Arbeitgeber
- **Weisungsgebundenheit und Fremdbestimmtheit** (→ **Unselbständigkeit**)
  - → **Weisungsgebundenheit** der Tätigkeit **hinsichtlich Inhalt, Durchführung, Zeit, Dauer und Ort**
  - → **Fremdbestimmtheit durch persönliche Abhängigkeit**
    wie Eingliederung in den organisatorischen Ablauf des Betriebes, arbeitsorganisatorische Abhängigkeit, Zurverfügungstellung der ganzen Arbeitskraft, kein organisatorisches Risiko, keine selbständige Organisation des Arbeitsablaufs etc.

    Der Grad der persönlichen Abhängigkeit variiert dabei je nach Eigenart der jeweiligen Tätigkeit.

    Wertende Gesamtbetrachtung aller Umstände des Einzelfalls nach § 611a Abs.1 S.5 BGB.

KARTE 1.25

?

Was versteht man unter Scheinselbständigkeit?
Welche Folgen hat das Vorliegen einer Scheinselbständigkeit?

Was versteht man unter Scheinselbständigkeit?

Scheinselbständigkeit liegt vor, wenn jemand zwar nach der zu Grunde liegenden Vertragsgestaltung selbständige Dienst- oder Werkleistungen für ein fremdes Unternehmen erbringt, **tatsächlich** aber abhängig beschäftigt ist. Für die Beurteilung einer Scheinselbständigkeit ist § 611a BGB Rechtsgrundlage.

BEACHTE

Scheinselbständige sind **Arbeitnehmer**!

Das **Statusfeststellungsverfahren** bei der Clearingstelle der Deutschen Rentenversicherung (DRV) nach § 7a Abs.1 S.1 SGB IV (→ optionales Anfrageverfahren) verschafft den Beteiligten Rechtssicherheit darüber, ob sie **selbständig tätig oder abhängig beschäftigt** sind.

Kriterien zur Abgrenzung sind insbesondere: 1. Weisungsgebundenheit und Eingliederung in die Arbeitsorganisation des Auftraggebers, 2. Tätigkeit regelmäßig und im Wesentlichen nur für einen Auftraggeber und 3. kein Auftreten am Markt aufgrund unternehmerischer Tätigkeit

Welche Folgen hat das Vorliegen einer Scheinselbständigkeit?

- Nachträgliche Änderung des Beschäftigungsverhältnisses,
  d.h., der Auftragnehmer erhält den **Status eines sozialversicherungspflichtigen Beschäftigten** mit allen Arbeitnehmerschutzrechten, wie Kündigungsschutz, Urlaub, Entgeltfortzahlung im Krankheitsfall etc.
- **Pflicht zur Nachzahlung der Sozialversicherungsabgaben**

KARTE 1.26

? Nennen Sie drei Personengruppen, die keine Arbeitnehmer im Sinne des Arbeitsrechts sind.

!

Nennen Sie drei Personengruppen, die keine Arbeitnehmer im Sinne des Arbeitsrechts sind.

Nicht Arbeitnehmer im Sinne des Arbeitsrechts sind:

- Organe juristischer Personen (wie **Geschäftsführer, Vorstand**)
- **Prokuristen**
  Prokura = Handlungsvollmacht
- **Leitende Angestellte**

  Beachte:

  Typischerweise leiten diese einen Betrieb oder einen Betriebsteil und sind berechtigt, Arbeitnehmer einzustellen und zu entlassen
- **Freiberufliche Mitarbeiter**
- Beamte, Richter, Soldaten

BEACHTE

Es ist wichtig zu wissen, ob eine Arbeitnehmereigenschaft vorliegt. Nur bei Arbeitnehmern kommen die zahlreichen **Schutzvorschriften aus dem Arbeitsrecht** (wie Kündigungsschutz, Kündigungsfristen, Mutterschutz) und sonstige **gesetzliche Ansprüche** (wie Entgeltfortzahlung im Krankheitsfall, Anspruch auf Erholungsurlaub), die das Vorhandensein eines Arbeitsverhältnisses voraussetzen, zur Anwendung.

KARTE 1.27

?

Was versteht man unter einem Leiharbeitsverhältnis/ Arbeitnehmerüberlassungsverhältnis?

Was versteht man unter einem Leiharbeitsverhältnis/ Arbeitnehmerüberlassungsverhältnis?

Ein Leiharbeitsverhältnis (auch **Arbeitnehmerüberlassung** oder **Zeitarbeit** genannt) liegt vor, wenn ein selbständiger Unternehmer (= Verleiher) einen Leiharbeitnehmer aufgrund eines schriftlichen Arbeitnehmerüberlassungsvertrages **vorübergehend an ein anderes Unternehmen (= Entleiher) „ausleiht"** und ihn **dessen Weisungsrecht unterstellt.**

BEACHTE

- Zwischen dem Entleiher und dem Leiharbeitnehmer bestehen **keine** vertraglichen Beziehungen.
- **Keine** Arbeitnehmerüberlassung liegt bei der Entsendung eines AN durch seinen AG zu einem Dritten als Besteller im Rahmen eines Werkvertrages oder im Rahmen ihres Arbeitsvertrages vor.

Hinweis:

Am **1. April 2017** trat das **neue Arbeitnehmerüberlassungsgesetz** in Kraft mit folgenden neuen **Regeln zur Höchstüberlassungsdauer** und zur **Gleichstellung:**

→ Arbeitnehmer können in der Zeitarbeit künftig nur noch bis zu einer Überlassungshöchstdauer von **18 Monaten** bei einem Entleiher eingesetzt werden, § 1 Abs.1b S.1 AÜG.

→ **Gleichstellungsgrundsatz nach *§ 8 AÜG:*** Nach neun Monaten haben Leiharbeitnehmer künftig Anspruch auf gleiches Entgelt (sog. **Equal Pay**) und gleiche Arbeitsbedingungen wie die vergleichbare Stammbelegschaft (sog. **Equal Treatment**).

Aber: Durch Tarifvertrag kann von diesen neuen Regeln abgewichen werden.

KARTE 1.28

?

Erläutern Sie die Rechtsverhältnisse/Rechtsbeziehungen, die zwischen den Vertragsparteien in der Arbeitnehmerüberlassung bestehen.

ANWENDEN (beherrschen praktisch)

1.2.1 Abgrenzung zu anderen Verträgen

Erläutern Sie die Rechtsverhältnisse/Rechtsbeziehungen, die zwischen den Vertragsparteien in der Arbeitnehmerüberlassung bestehen.

→ **Arbeitsvertrag** zwischen Verleiher und Leiharbeitnehmer

→ **Arbeitnehmerüberlassungsvertrag** zwischen Verleiher und Entleiher

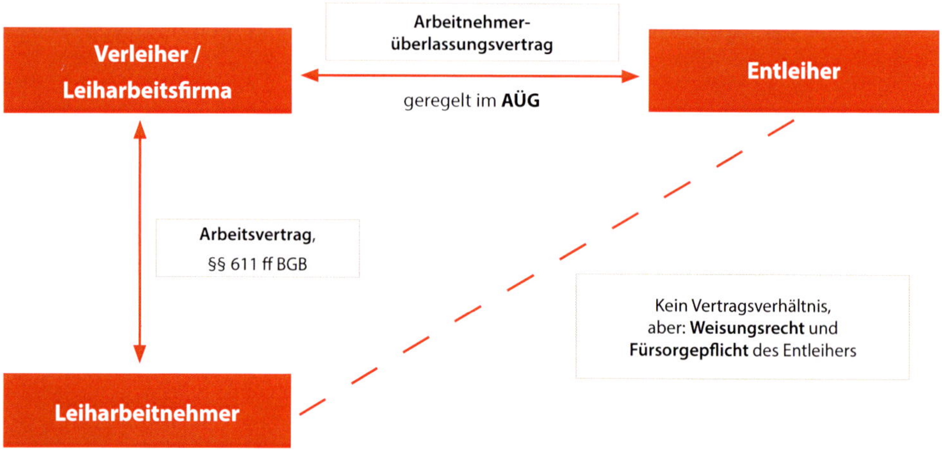

KARTE 1.29

? Beschreiben Sie fünf Faktoren, die bei der Arbeitnehmerüberlassung besonders zu beachten sind.

Beschreiben Sie fünf Faktoren, die bei der Arbeitnehmerüberlassung besonders zu beachten sind.

- **Informations- und Unterrichtungsansprüche des Betriebsrats, *§ 80 Abs.2 BetrVG:***
  Seit dem 01.04.2017 stellt § 80 Abs.2 S.1 BetrVG ausdrücklich klar, dass der Betriebsrat in Bezug auf Fremdpersonal rechtzeitig und umfassend vom Arbeitgeber unterrichtet werden muss. Die Beschäftigung von Leiharbeitnehmern im Betrieb fällt unter die Mitbestimmung des Betriebsrates nach *§ 99 BetrVG, § 14 Abs.3 AÜG.*
- **Grundsatz der Gleichstellung, *§ 8 Abs.1 AÜG***
- **Betriebsratswahl**:
  Leiharbeitnehmer sind im Entleiherbetrieb bei der Betriebsratswahl wahlberechtigt, wenn sie länger als drei Monate im Entleiherbetrieb eingesetzt sind, § 7 S.2 BetrVG. Es reicht aus, wenn am Wahltag eine solche dreimonatige Tätigkeit absehbar ist. **Aber**: Leiharbeitnehmer nach AÜG sind im Entleiherbetrieb nicht wählbar.
  Neu seit 1.4.2017: Leiharbeitnehmer, deren Einsatzdauer im Entleiherunternehmen sechs Monate übersteigt, werden bei der Feststellung der Größe des Betriebsrates mitgezählt, *§ 14 Abs. 2 S.5 AÜG.*
- Arbeitgeber müssen Leiharbeitskräfte über freie Stellen im Unternehmen informieren (§ 13a AÜG), sowie ihnen Zugang zu Gemeinschaftseinrichtungen und -diensten (wie Betriebskantine, Betriebskindergarten etc.) gewähren (§ 13b AÜG).
- Der Verleiher benötigt zur Ausübung der gewerblichen Verleihung eine entsprechende Erlaubnis der Bundesagentur für Arbeit, § 1 Abs.1 AÜG. Zwischen Verleiher und Leiharbeitnehmer muss ein **schriftlicher (!) Arbeitsvertrag sowie** zwischen Entleiher und Verleiher ein **schriftlicher (!) Arbeitnehmerüberlassungsvertrag** bestehen.
- Neu: Verbot von Kettenüberlassung und sog. „Fallschirmlösung"
- **Vorgehen bei Kündigung des Leiharbeitnehmers durch den Entleiher:**
  Entleiher muss den Arbeitnehmerüberlassungsvertrag mit dem Verleiher - mit den darin enthaltenen Kündigungsfristen - kündigen, und dann holt die Leiharbeitsfirma ihren Mitarbeiter zurück.

KARTE 1.30

? Was versteht man unter einem Werkvertrag?

ANWENDEN (beherrschen praktisch)

1.2.1 Abgrenzung zu anderen Verträgen

Was versteht man unter einem Werkvertrag?

Ein Werkvertrag ist ein **Vertrag über den gegenseitigen Austausch von Leistungen.**

Der Werkvertrag ist in *§§ 631 ff BGB* geregelt:

- Der **Unternehmer** (= Werkunternehmer bzw. Auftragnehmer) verpflichtet sich zur Herstellung des versprochenen Werkes.
- Der **Besteller** (= Auftraggeber) verpflichtet sich zur Zahlung der vereinbarten Vergütung (→ Werklohn) **und** zur Abnahme des Werkes.

BEACHTE

Beim Werkvertrag wird der **Arbeitserfolg geschuldet**, d.h., die tatsächliche und mangelfreie Herstellung des vereinbarten Werks. Das Risiko für den Eintritt des Erfolges trägt der Unternehmer.

Nach § 631 Abs.2 BGB kann **Gegenstand des Werkvertrags** sowohl die Herstellung oder Veränderung einer Sache als auch ein anderer durch Arbeit oder Dienstleistung herbeizuführender Erfolg sein.

<u>Beispiele für Werkverträge</u>:

Errichtung eines Bauwerks, Reparatur einer Maschine, Übersetzung eines Textes, Beförderung von Gütern, Planung und Bauüberwachung durch einen Architekten, Erstellung eines Gutachtens

KARTE 1.31

?

Was versteht man unter einem befristeten Arbeitsvertrag?

Unter welcher Voraussetzung ist eine Befristung zulässig?

Was versteht man unter einem befristeten Arbeitsvertrag?

Ein befristeter Arbeitsvertrag ist ein **Vertrag, der auf bestimmte Zeit abgeschlossen** ist.

Unter welcher Voraussetzung ist eine Befristung zulässig?

Grundsatz:

Nach *§ 14 Abs.1 S.1 TzBfG* ist eine Befristung zulässig, wenn ein gesetzlich anerkannter **Sachgrund** vorliegt.

Ausnahme:

Zulässigkeit einer Befristung auch **ohne sachlichen Grund** unter bestimmten Voraussetzungen **nach *§ 14 Abs.2, Abs.2a* oder *Abs.3 TzBfG.***

KARTE 1.32

?

Nennen Sie drei Beispiele für sachliche Gründe einer arbeitsvertraglichen Befristung nach dem Teilzeit- und Befristungsgesetz TzBfG.

ANWENDEN (erstellen)

1.2.2 Vertragsarten

!

Nennen Sie drei Beispiele für sachliche Gründe einer arbeitsvertraglichen Befristung nach dem Teilzeit- und Befristungsgesetz TzBfG.

Beispiele für sachliche Gründe nennt § 14 TzBfG:

- *§ 14 Abs.1 S.2 TzBfG:*
  Beschäftigung im **Anschluss an Ausbildung oder Studium, Aushilfsarbeitsverhältnis, Saisonarbeitsverhältnis, Befristung auf eigenen Wunsch des Arbeitnehmers, Vertretungsarbeitsverhältnis** (wie Erziehungsurlaubsvertretung, Krankheitsvertretung), **projektbezogene Befristung**
- *§ 14 Abs.3 S.1 TzBfG:*
  Arbeitnehmer hat bei Beginn des befristeten Arbeitsverhältnisses das **52. Lebensjahr** vollendet und war unmittelbar vor Beginn des befristeten Arbeitsverhältnisses mindestens 4 Monate beschäftigungslos.
- *§ 14 Abs.2a TzBfG:*
  Bei **neu gegründeten Unternehmen** ist eine Befristung auf vier Jahre mit mehrfacher Verlängerung möglich.

  Beachte:

  Dies gilt nicht für Neugründungen im Zusammenhang mit rechtlicher Umstrukturierung von Unternehmen.

KARTE 1.33

?

Unter welchen Voraussetzungen ist eine Befristung ohne Vorliegen eines sachlichen Grundes nach dem TzBfG möglich?

Unter welchen Voraussetzungen ist eine Befristung ohne Vorliegen eines sachlichen Grundes nach dem TzBfG möglich?

Nach *§ 14 Abs.2 TzBfG* kann ein befristetes Arbeitsverhältnisse auch **ohne Vorliegen eines sachlichen Grundes** zulässig sein, wenn **„zuvor"** mit demselben Arbeitgeber weder ein befristetes, noch ein unbefristetes Arbeitsverhältnis bestanden hat. Dann ist eine Befristung des Arbeitsvertrages möglich, und zwar bis zu einer Dauer von **24 Monaten**. Innerhalb der **Höchstdauer von 2 Jahren** sind **bis zu 3 Verlängerungen** möglich.

Aber, tarifliche Abweichungen von der gesetzlichen Höchstbefristungsdauer und der höchstens dreimaligen Verlängerung eines befristeten Arbeitsvertrages sind gesetzlich **erlaubt**, § 14 Abs.2 S.3 TzBfG.

BEACHTE: BVERFG KIPPT DIE PAUSCHALE 3-JAHRE-RECHTSPRECHUNG DES BAG

Das BVerfG (Urteil v. 06.06.2018) hat die seit 2011 geltende Rechtsprechung des BAG, dass eine „Zuvor-Beschäftigung" im Sinne des § 14 Abs.2 TzBfG vorliegt, wenn ein früheres Arbeitsverhältnis nicht mehr als drei Jahre zurückliegt, für verfassungswidrig erklärt (→ **pauschale „Drei-Jahres-Regel" ist unzulässig!**).

Neu 2018: Nach dem Urteil des Bundesverfassungsgerichts BVerfG ist eine sachgrundlose Befristung trotz Vorbeschäftigung nur dann **ausnahmsweise** zulässig, wenn keine Gefahr einer Kettenbefristung – in Ausnutzung der strukturellen Unterlegenheit der Beschäftigten – bestehe, wenn also eine **Vorbeschäftigung sehr lange zurückliegt, ganz anders geartet oder von kurzer Dauer** gewesen ist.

Beispiele für **Ausnahmen vom Vorbeschäftigungsverbot** nach BVerfG:

- Geringfügige Nebenbeschäftigungen während der Schul- und Studienzeit, oder der Familienzeit.
- Eine lang zurückliegende Beschäftigung von Menschen, die sich später beruflich völlig neu orientieren.

KARTE 1.34

? Nennen Sie zwei Vorteile einer arbeitsvertraglichen Befristung für den Arbeitgeber.

Nennen Sie zwei Vorteile einer arbeitsvertraglichen Befristung für den Arbeitgeber.

!

Für den Arbeitgeber hat eine Befristung des Arbeitsvertrages den Vorteil, dass er sich nicht langfristig an den Arbeitnehmer binden muss und somit relativ **flexibel** auf wirtschaftliche Veränderungen reagieren kann, **ohne lästige Kündigungsschutzbestimmungen** einhalten zu müssen.

Denn:

- Eine Befristung beendet ein Arbeitsverhältnis **automatisch**, ohne dass es einer Kündigung bedarf.
- Da keine Kündigung vorliegt, ist auch **keine Anhörung des Betriebsrats** bei der automatischen Beendigung erforderlich.
- Eine automatische Beendigung des Arbeitsverhältnisses findet **auch bei Personen mit besonderem Kündigungsschutz** - wie Schwangere, Betriebsräte, Schwerbehinderte - statt.

KARTE 1.35

? Erläutern Sie drei Faktoren, die bei einer Befristung zu beachten sind.

ANWENDEN (erstellen)
1.2.2 Vertragsarten

Erläutern Sie drei Faktoren, die bei einer Befristung zu beachten sind.

- Befristete Verträge müssen schriftlich erfolgen nach § 14 Abs.4 TzBfG (→ **Schriftformpflicht!**).
  Es reicht nicht aus, wenn eine mündlich vereinbarte Befristung nach Arbeitsantritt schriftlich im Rahmen des Arbeitsvertrages festgehalten wird. Der Befristungsgrund muss jedoch nicht schriftlich festgehalten werden, es sei denn, der Tarifvertrag legt dies fest.
- Bei **unwirksamer Befristung** gilt der Arbeitsvertrag als auf unbestimmte Zeit geschlossen, § 16 und § 15 Abs.5 TzBfG, d.h., **es entsteht ein unbefristetes Arbeitsverhältnis.**
  Will der Arbeitnehmer geltend machen, dass die Befristung eines Arbeitgebers rechtsunwirksam ist, so muss er innerhalb von 3 Wochen nach dem vereinbarten Ende des befristeten Arbeitsvertrages Klage beim Arbeitsgericht auf Feststellung erheben, dass das Arbeitsverhältnis aufgrund der Befristung nicht beendet ist, § 17 TzBfG (= **Entfristungsklage**).
- Während des vereinbarten Arbeitszeitraumes ist keine ordentliche Kündigung möglich, außer man vereinbart im Arbeitsvertrag eine vorzeitige Kündigungsmöglichkeit ausdrücklich, gem. § 15 Abs.3 TzBfG.
- Wird in einem bestehenden unbefristeten Arbeitsverhältnis eine Befristung vereinbart, muss ein sachlicher Grund vorliegen. Aber: Die Dauer der Befristung muss nicht mit der Dauer des sachlichen Grundes übereinstimmen. Und, es wird nur der sachliche Grund vom Arbeitsgericht geprüft.

BEACHTE

Es wird bei aufeinanderfolgenden Zeitarbeitsverträgen (sog. **Kettenarbeitsverträgen**) nur der zeitlich letzte befristete Arbeitsvertrag auf Richtigkeit geprüft. Handelt es sich bei dem letzten befristeten Vertrag um einen befristeten Arbeitsvertrag mit Sachgrund, dann ist die Befristung rechtswirksam, unabhängig ob zuvor Rechtsfehler vorlagen.

KARTE 1.36

? Was versteht man unter Zeit- und Zweckbefristung und wann endet die jeweilige Befristung?

ANWENDEN (erstellen)

1.2.2 Vertragsarten

Was versteht man unter Zeit- und Zweckbefristung und wann endet die jeweilige Befristung?

Zeitbefristung:

Bei einer Zeitbefristung ist der Arbeitsvertrag kalendermäßig befristet, *§ 3 Abs.1 TzBfG.*

Ein kalendermäßig befristeter Arbeitsvertrag **endet automatisch mit Ablauf der vereinbarten Zeit**, § 15 Abs.1 TzBfG (→ keine Kündigung nötig!).

Zweckbefristung:

Um eine Zweckbefristung handelt es sich, wenn der Beendigungstermin nicht durch Zeitablauf bestimmt ist, sondern sich aus Art, Zweck oder Beschaffenheit der Arbeitsleistung ergibt, *§ 3 Abs.1 TzBfG.*

Ein zweckbefristeter Arbeitsvertrag **endet mit Erreichen des Zwecks**, frühestens jedoch zwei Wochen nach Zugang der schriftlichen Unterrichtung des Arbeitnehmers durch den Arbeitgeber über den Zeitpunkt der Zweckerreichung, *§ 15 Abs.2 TzBfG.*

KARTE 1.37

?

Was versteht man unter einem Probearbeitsverhältnis?

Was versteht man unter einem Aushilfsarbeitsverhältnis?

!

Was versteht man unter einem Probearbeitsverhältnis?

Ein Probearbeitsverhältnis liegt vor, wenn die Vertragsparteien die Zusammenarbeit erst einmal **erproben.** Eine Probezeit muss ausdrücklich vereinbart werden.

Hinweise:

- Nach § 622 Abs.3 BGB kann das Arbeitsverhältnis während einer vereinbarten Probezeit, längstens für die Dauer von sechs Monaten, mit einer Frist von zwei Wochen gekündigt werden.
- Die Erprobung ist gem. § 14 Abs.1 S.2 Nr.5 TzBfG ein sachlicher Grund für die Befristung.

Was versteht man unter einem Aushilfsarbeitsverhältnis?

Ein Aushilfsarbeitsverhältnis liegt vor, wenn der betriebliche Bedarf an der Arbeitsleistung nur **vorübergehend** besteht.

Hinweis:

Nach § 622 Abs.5 BGB kann bei einem Aushilfsarbeitsverhältnis von höchstens drei Monaten im Arbeitsvertrag eine kürzere als die gesetzlich vorgeschriebene Kündigungsfrist vereinbart werden.

? Was versteht man unter einem Teilzeitarbeitsverhältnis?

!

Was versteht man unter einem Teilzeitarbeitsverhältnis?

Ein Teilzeitarbeitsverhältnis liegt vor, wenn die **Arbeitszeit des Arbeitnehmers kürzer ist als die regelmäßige Wochenarbeitszeit vergleichbarer vollbeschäftigter Arbeitnehmer des Betriebes**, *§ 2 Abs. 1 S. 1 TzBfG.*

→ **Geringfügig beschäftigte Arbeitnehmer** zählen zu den teilzeitbeschäftigten Arbeitnehmern nach § 2 Abs. 2 TzBfG.

BEACHTE

Verbot der unterschiedlichen Behandlung nach § 4 TzBfG,

d.h., ein Teilzeitbeschäftigter darf nicht wegen der Teilzeitarbeit schlechter gestellt werden, als ein vergleichbarer vollzeitbeschäftigter Arbeitnehmer, **es sei denn, sachliche Gründe rechtfertigen dies.**

KARTE 1.39

? Nennen Sie die Anspruchsvoraussetzungen der Verringerung von Arbeitszeit.

Nennen Sie die Anspruchsvoraussetzungen der Verringerung von Arbeitszeit.

Anspruchsvoraussetzungen der Verringerung der Arbeitszeit nach *§ 8 TzBfG*:

1. **Mehr als 6 Monate** beschäftigt, § 8 Abs.1 TzBfG
2. **Mehr als 15 Arbeitnehmer** im Unternehmen, § 8 Abs.7 TzBfG
3. **Antrag des Arbeitnehmers** gem. § 8 Abs.2 TzBfG
   - → **spätestens 3 Monate** vor Beginn der Verringerung
   - → mit Angabe der gewünschten Verteilung der Arbeitszeit
   - → neu ab 1.1.2020: Antragsstellung in Textform, z.B. per E-Mail, ist ausreichend
4. **Zustimmungspflicht des Arbeitgebers** gem. § 8 Abs.4 TzBfG

   Ausnahmen:

   Betriebliche Gründe (wie wesentliche Beeinträchtigung der Organisation, des Arbeitsablaufes oder der Sicherheit des Betriebes) **oder unverhältnismäßig hohe Kosten** stehen entgegen.

   (**Wichtig:** Der **Arbeitgeber muss konkrete Umstände darlegen und beweisen**, dass die gewünschte Arbeitszeit nicht durch eine zumutbare Änderung der Betriebsabläufe oder durch den Einsatz einer Ersatzkraft ermöglicht werden kann. Eine **pauschale** Ablehnung durch den Arbeitgeber ist nach LAG Schleswig-Holstein **unwirksam**.)
5. **Schriftliche Antwort des Arbeitgebers** mindestens 1 Monat vor Beginn der Verringerung der Arbeitszeit

   Aber:

   Keine oder keine rechtzeitige Antwort gilt als Zustimmung nach § 8 Abs.5 S.2 und S.3 TzBfG

KARTE 1.40

? Beschreiben Sie jeweils die Hauptpflicht des Arbeitnehmers und des Arbeitgebers.

Beschreiben Sie jeweils die Hauptpflicht des Arbeitnehmers und des Arbeitgebers.

Hauptpflicht des Arbeitnehmers	Die Hauptpflicht des Arbeitnehmers ist die **Arbeitspflicht** nach ***§ 611 Abs. 1 BGB und § 611a BGB*** in Verbindung mit dem Arbeitsvertrag. ■ Die Arbeitspflicht ist eine höchstpersönliche Verpflichtung nach § 613 BGB, d.h., der Arbeitnehmer muss seine Arbeit in eigener Person verrichten. ■ Der Inhalt der Arbeitsverpflichtung ergibt sich aus dem Arbeitsvertrag, konkretisiert durch das Direktionsrecht des Arbeitgebers.
Hauptpflicht des Arbeitgebers	Die Hauptpflicht des Arbeitgebers ist die **Lohnzahlungspflicht.** ■ Der Arbeitgeber ist verpflichtet, das vereinbarte Arbeitsentgelt zu zahlen nach ***§ 611 Abs. 1 BGB*** und ***§ 611a Abs. 2 BGB.*** ■ Die Vergütungshöhe kann im Arbeitsvertrag frei vereinbart werden, außer, die Vertragspartner sind an einen Tarifvertrag gebunden. ■ Wenn die Höhe des Entgelts nicht vereinbart ist, so ist die übliche Vergütung gem. § 612 BGB zu zahlen. ■ Lohnzahlungspflicht besteht grundsätzlich nur für geleistete Arbeit gemäß § 614 BGB - Ausnahmen sind die Sonderregeln für „Lohn ohne Arbeit".

KARTE 1.41

?

Was versteht man unter einem Wettbewerbsverbot während eines Arbeitsverhältnisses?

Nennen Sie zwei Rechtsfolgen, die der Arbeitnehmer bei einem Verstoß gegen das Wettbewerbsverbot zu befürchten hat.

Was versteht man unter einem Wettbewerbsverbot während eines Arbeitsverhältnisses?

Unter einem Wettbewerbsverbot **während** eines Arbeitsverhältnisses versteht man die Einschränkung der wirtschaftlichen Betätigung mit Rücksicht auf ein bestehendes Arbeitsverhältnis. Denn, grundsätzlich ist der Arbeitnehmer verpflichtet, **während des Bestehens seines Arbeitsverhältnisses** jeden **Wettbewerb** gegenüber seinem Arbeitgeber **zu unterlassen.**

→ Der Arbeitnehmer darf ohne Einverständnis seines Arbeitgebers **keine Geschäfte im gleichen Tätigkeitsbereich** für andere Personen oder auf eigene Rechnung machen, er muss also jeden Wettbewerb gegenüber seinem Arbeitgeber unterlassen (→ keine Konkurrenztätigkeit erlaubt!).

→ Das Wettbewerbsverbot besteht so lange, wie das Arbeitsverhältnis rechtlich besteht.

Nennen Sie zwei Rechtsfolgen, die der Arbeitnehmer bei einem Verstoß gegen das Wettbewerbsverbot zu befürchten hat.

Bei einem Verstoß gegen das Wettbewerbsverbot

- kann der Arbeitgeber **Schadensersatz** verlangen **oder**
- eine **Kündigung** des Arbeitnehmers kann gerechtfertigt sein.

KARTE 1.42

?

Darf der Arbeitnehmer eine Nebenbeschäftigung ausüben? Und falls ja, benötigt er dafür grundsätzlich die Einverständnis seines Arbeitgebers?

Darf der Arbeitnehmer eine Nebenbeschäftigung ausüben? Und falls ja, benötigt er dafür grundsätzlich die Einverständnis seines Arbeitgebers?

Grundsatz:

Vertraglich vereinbarte Nebentätigkeitsverbote oder Genehmigungserfordernisse sind wegen der grundgesetzlich garantierten Berufsfreiheit des Arbeitnehmers (Art. 12 GG) **nicht pauschal zulässig.**

Wichtig:

1. Eine **wettbewerbsrechtliche Nebenbeschäftigung** darf der Arbeitnehmer nur unter **Einverständnis** seines Arbeitgebers ausüben.
2. Eine Nebentätigkeit, die **nicht** gegen das Wettbewerbsverbot verstößt, bedarf grundsätzlich **nicht** der Genehmigung des Arbeitgebers (→ **grundsätzliche Genehmigungsfreiheit**). Der Arbeitnehmer darf die Nebentätigkeit (und zwar ohne eine Genehmigung beim Arbeitgeber einzuholen) ausüben, wenn diese seine Hauptarbeit nicht negativ beeinflusst.

   Der Arbeitgeber kann allerdings (z.B. im Arbeitsvertrag) verlangen, dass der Arbeitnehmer ihm seine Nebentätigkeit **anzeigt.**

BEACHTE

Ein **Nebentätigkeitsverbot** im Arbeitsvertrag ist nach dem BAG nur dann möglich, wenn der Arbeitgeber daran ein berechtigtes Interesse hat, z.B. wenn die Nebentätigkeit die vertraglich geschuldete Arbeitsleistung beeinträchtigen würde.

?

Was versteht man unter einem nachvertraglichen Wettbewerbsverbot?

Unter welchen Voraussetzungen kann ein nachvertragliches Wettbewerbsverbot vereinbart werden?

Was versteht man unter einem nachvertraglichen Wettbewerbsverbot?

Ein nachvertragliches Wettbewerbsverbot ist eine **vertragliche Vereinbarung**, mit der sich der Arbeitgeber das Unterlassen von Wettbewerb für eine bestimmte Zeit **nach dem Ausscheiden aus dem Arbeitsverhältnis „erkauft"**. Dann darf der Arbeitnehmer auch nach Beendigung des Arbeitsverhältnisses seinem ehemaligen Arbeitgeber keine Konkurrenz machen.

Unter welchen Voraussetzungen kann ein nachvertragliches Wettbewerbsverbot vereinbart werden?

Voraussetzungen des nachvertraglichen Wettbewerbsverbots nach § 110 GewO in Verbindung mit §§ 74 bis 75f HGB:

1. **Schriftliche** vertragliche Vereinbarung (im Arbeitsvertrag)
2. Zahlung einer **monatlichen Entschädigung** (→ **Karenzentschädigung**), § 74 HGB
   Beachte:
   Die Entschädigung muss **mindestens die Hälfte der vom Arbeitnehmer zuletzt bezogenen Vergütung** betragen! Einzubeziehen sind dabei auch alle geldwerten Vorteile des Arbeitnehmers.
3. Nachvertragliches Wettbewerbsverbot kann für **höchstens zwei Jahre** vereinbart werden

Hinweis Anrechnungspflicht:

Der Arbeitnehmer muss sich auf seine Entschädigung das anrechnen lassen muss, was er bei einem anderen Arbeitgeber oder durch selbständige Arbeit ohne Verstoß gegen das Wettbewerbsverbot verdient oder „böswillig" nicht verdient hat, § 74c HGB.

KARTE 1.44

?

Muss der Arbeitgeber Überstunden vergüten?

Nennen Sie ein Recht des Arbeitnehmers bei erheblichen Lohnrückständen.

ANWENDEN (beachten)

1.2.3 Rechte und Pflichten aus dem Arbeitsvertrag

Muss der Arbeitgeber Überstunden vergüten?

Einen **gesetzlichen Anspruch** auf Überstundenvergütung gibt es **nicht**.

Ausnahmen:

- Bei **Berufsausbildungsverhältnissen** sind nach ***§ 17 Abs.7 BBiG*** Überstunden besonders zu vergüten oder durch Freizeit auszugleichen.
- In **Tarifverträgen, Einzelverträgen oder Betriebsvereinbarungen** ist oftmals geregelt, dass die geleisteten Überstunden durch Freizeit oder durch eine Vergütung in Geld auszugleichen sind.

Voraussetzung für eine Überstundenvergütung/Freizeitausgleich ist allerdings, dass die Überstunden vom Arbeitgeber **angeordnet** bzw. **bewusst geduldet** wurden. Macht der Arbeitnehmer von sich aus Überstunden, kann er keine Vergütung verlangen.

Ein **Zuschlag** auf das gewöhnliche Entgelt kann nur verlangt werden, wenn dies vertraglich (im Tarifvertrag, im Arbeitsvertrag oder in der Betriebsvereinbarung) vereinbart ist.

Nennen Sie ein Recht des Arbeitnehmers bei erheblichen Lohnrückständen.

Bei erheblichen Lohnrückständen (herrschende Rechtsprechung des BAG ab 2 Monatsgehälter) kann der Arbeitnehmer ein **Zurückbehaltungsrecht** an seiner Arbeitsleistung geltend machen, d.h., er kann die Arbeit verweigern und behält trotzdem seine Vergütung.

KARTE 1.45

? Erläutern Sie drei Pflichten des Arbeitgebers nach dem AGG.

Erläutern Sie drei Pflichten des Arbeitgebers nach dem AGG.

Hauptpflicht des Arbeitgebers nach dem AGG:

Das **Allgemeine Gleichbehandlungsgesetz AGG untersagt dem Arbeitgeber die Diskriminierung**, also Schlechterstellung von Beschäftigten und Bewerbern wegen „Rasse", ethnischer Herkunft, Geschlecht, Religion oder Weltanschauung, Behinderung, Alters oder sexueller Identität, ***§ 7 Abs. 1 AGG* (→ Benachteiligungsverbot*)*.**

Weitere Pflichten des Arbeitgebers nach dem AGG:

- Der Arbeitgeber ist verpflichtet, Arbeitsplätze diskriminierungsfrei auszuschreiben, *§ 11 AGG.*
- Der Arbeitgeber ist verpflichtet, alles Erforderliche zu tun, um Beschäftigte vor Benachteiligung wegen eines Diskriminierungsmerkmals zu schützen. Dazu gehören auch vorbeugende Maßnahmen, § 12 Abs.1 AGG.
- Der Arbeitgeber soll insbesondere bei der Aus- und Fortbildung auf die Unzulässigkeit von Diskriminierung hinweisen, § 12 Abs.2 S.1 AGG.
- Der Arbeitgeber muss eingreifen, wenn Beschäftigte gegen das Benachteiligungsverbot verstoßen, § 12 Abs.3 AGG
  z.B. durch Abmahnung, Umsetzung, Versetzung oder Kündigung.
- Grundsätzlich muss der Arbeitgeber seine Mitarbeiter auch vor Diskriminierung durch Dritte schützen, § 12 Abs.4 AGG.

KARTE 1.46

? Erläutern Sie drei Rechte des Arbeitnehmers nach dem AGG.

Erläutern Sie drei Rechte des Arbeitnehmers nach dem AGG.

- **Beschwerderecht, *§ 13 Abs.1 AGG:***
  Benachteiligte Beschäftigte dürfen sich beschweren. Diese Beschwerde ist zu beantworten.
- **Leistungsverweigerungsrecht, *§ 14 AGG:***
  Diskriminierte Arbeitnehmer dürfen ihre Arbeit verweigern, wenn der Arbeitgeber gegen die Belästigung oder sexuelle Belästigung am Arbeitsplatz nichts oder offensichtlich Ungeeignetes unternimmt. (Mögliches Problem: Androhung einer Kündigung durch den AG wegen Arbeitsverweigerung)
- **Entschädigung und Schadensersatz, *§ 15 AGG:***
  Der Beschäftigte kann Ersatz des Nichtvermögensschadens (= Schmerzensgeld) **und** des Vermögensschadens verlangen.
- **Unterlassungsklage, *§ 1004 BGB:***
  Diskriminierte Arbeitnehmer haben einen Anspruch auf Unterlassung der Diskriminierung, den sie gerichtlich geltend machen können.

KARTE 1.47

?

Erläutern Sie das Vorgehen des diskriminierten Bewerbers/Arbeitnehmers, der Schadensersatz geltend machen will.

Wer trägt die Beweislast, dass eine Diskriminierung vorliegt?

Erläutern Sie das Vorgehen des diskriminierten Bewerbers/Arbeitnehmers, der Schadensersatz geltend machen will.

1. Der diskriminierte Beschäftigte/Bewerber muss seine Ansprüche auf Schadensersatz innerhalb von **2 Monaten** nach Zugang der Ablehnung der Bewerbung bzw. nach der Diskriminierung schriftlich beim „diskriminierenden Arbeitgeber“ geltend machen nach ***§ 15 Abs.4 AGG.***

   Hinweis:

   Tarifliche Ausschlussfristen sind einzuhalten.

2. Anschließend hat der Benachteiligte 3 Monate Frist zur Klageerhebung beim Arbeitsgericht, ***§ 61b ArbGG.***

Wer trägt die Beweislast, dass eine Diskriminierung vorliegt?

Nach ***§ 22 AGG* muss der Beschäftigte/Bewerber Indizien** beweisen, die eine Benachteiligung wegen eines geschützten Diskriminierungsmerkmals vermuten lassen. Der Beschäftigte/Bewerber muss die Vermutungstatsachen nicht beweisen, es genügt, wenn das Gericht ihr Vorliegen für überwiegend wahrscheinlich hält.

Gelingt es ihm, Indizien zu beweisen, trägt der **Arbeitgeber die Beweislast** dafür, dass andere sachliche Gründe die unterschiedliche Behandlung rechtfertigen. Der Arbeitgeber muss im Einzelnen zu der Behauptung des Arbeitnehmers/Bewerbers Stellung nehmen. Unterlässt er dies, gilt die Diskriminierung als zugestanden (→ **Beweislastumkehr**).

KARTE 1.48

?

Wann verjähren Rechtsansprüche aus dem Arbeitsverhältnis?

Was versteht man unter Ausschlussfristen?

Wann verjähren Rechtsansprüche aus dem Arbeitsverhältnis?

Ansprüche aus Arbeitsverträgen verjähren in der Regel **innerhalb von drei Jahren** nach *§ 195 BGB.*

Die regelmäßige Verjährungsfrist beginnt mit dem Schluss des Jahres, in dem der Anspruch entstanden ist.

BEACHTE

Durch Rechtsverfolgung (d.h. Klageeinreichung) wird die Verjährung gehemmt, § 204 BGB.

Was versteht man unter Ausschlussfristen?

Ausschlussfristen (auch **Verfallfristen** oder **Verfallklauseln** genannt) verpflichten Arbeitnehmer und Arbeitgeber, Ansprüche aus dem Arbeitsverhältnis innerhalb einer bestimmten Frist in **Textform** (neu seit 1.10.2016!) geltend zu machen, ansonsten verfallen die arbeitsvertraglichen Ansprüche endgültig.

Sie dienen der Rechtssicherheit, denn sie regeln eindeutig, bis zu welchem Zeitpunkt aus einem Arbeitsverhältnis noch Ansprüche geltend gemacht werden können.

BEACHTE

In Tarifverträgen und Arbeitsverträgen können sich Ausschlussfristen befinden.

KARTE 1.49

?

Was versteht man unter dem Direktionsrecht (= Weisungsrecht)?

ANWENDEN (beachten)

1.2.3 Rechte und Pflichten aus dem Arbeitsvertrag

Was versteht man unter dem Direktionsrecht (= Weisungsrecht)?

Das Direktionsrecht, oder auch **Weisungsrecht** genannt, ist das Recht des Arbeitgebers, die Arbeitspflicht des Arbeitnehmers **nach Zeit, Inhalt und Ort zu konkretisieren** und diesem bestimmte Arbeiten zuzuweisen, *§ 106 GewO.*

BEACHTE

Eine Konkretisierung der Vertragspflichten liegt nur dann vor, wenn sich das Gesamtbild der Tätigkeit des Arbeitnehmers durch die Weisung nicht ändert.

Dazu gehören insbesondere Regelungen über ...

- die Lage von Arbeitsbeginn und Arbeitsende, sowie der Pausen und die Anordnung von Bereitschaftsdienst oder Rufbereitschaft (→ **Zeit**)
- Art, Reihenfolge und Rahmenbedingungen der Tätigkeiten, sowie die Ordnung im Betrieb wie Rauchverbote oder Kleidungsvorschriften (→ **Inhalt**)
- die Arbeitsstelle innerhalb des Betriebs und bei Mitarbeitern mit ständig wechselnden Einsatzstellen den Arbeitsort (→ **Ort**)

Hinweise:

- Das Weisungsrecht hat den Zweck, den Arbeitgeber in die Lage zu versetzen, den Arbeitnehmer entsprechend den wechselnden betrieblichen Erfordernissen einzusetzen.
- Das Direktionsrecht greift nur ein, „soweit nicht durch Gesetz, Tarifvertrag, Betriebsvereinbarung oder Einzelvertrag, die Einzelheiten der Arbeitsleistung oder der Ordnung im Betrieb bereits festgelegt sind".

KARTE 1.50

?

Beschreiben Sie einen Vorteil des Direktionsrechts (= Weisungsrecht) für den Arbeitgeber.

Beschreiben Sie einen Vorteil des Direktionsrechts (= Weisungsrecht) für den Arbeitgeber.

!

Das Direktionsrecht bietet für den Arbeitgeber den Vorteil, dass er seine **Mitarbeiter flexibel** dort **einsetzen** kann, wo diese gerade gebraucht werden, ohne dass es eine Änderung des Arbeitsvertrages bedarf und ohne dass der Mitarbeiter zustimmen bzw. einverstanden sein muss.

Zudem hat der **Betriebsrat** beim Direktionsrecht **kein Mitbestimmungsrecht.**

KARTE 1.51

?

Kann der Arbeitgeber dem Arbeitnehmer einen anderen Stelleninhalt, Ort oder Zeitraum zuweisen, wenn dieser konkret im Arbeitsvertrag niedergeschrieben ist?

Kann der Arbeitgeber dem Arbeitnehmer einen anderen Stelleninhalt, Ort oder Zeitraum zuweisen, wenn dieser konkret im Arbeitsvertrag niedergeschrieben ist?

Grundsatz:

Je genauer die Tätigkeit im Arbeitsvertrag, Tarifvertrag oder in einer Betriebsvereinbarung abgesprochen ist, um so eingeschränkter ist das Weisungsrecht des Arbeitgebers, d.h., der Arbeitgeber darf dem Arbeitnehmer auf Dauer keine andere als die nach dem Vertrag geschuldete Arbeit zuweisen.

Ausnahme:

In **außergewöhnlichen Fällen**, z.B. bei betrieblichen Notfällen, hat der Arbeitnehmer aufgrund seiner Treuepflicht vorübergehend (d.h. höchstens einen Monat) auch andere als die vereinbarte Arbeit zu leisten oder an einem anderen Ort oder für einen anderen Arbeitgeber zu arbeiten, wenn die neue Arbeit zumutbar ist.

Voraussetzungen der Ausnahme:

1. Die andersartige Tätigkeit muss **vorübergehend** sein, d.h. höchstens **einen Monat.**
2. Die Tätigkeit muss **zumutbar** sein.

   Nicht zumutbar und daher nicht vom Direktionsrecht gedeckt, ist die Weisung auf einen **geringwertigen Arbeitsplatz**, auch wenn die bisherige Vergütung weitergezahlt wird. Hier liegt eine Versetzung vor.

BEACHTE

Versetzungsklauseln/Flexibilisierungsklauseln/Öffnungsklauseln im Tarifvertrag oder im Arbeitsvertrag **erweitern** das Weisungsrecht des Arbeitgebers.

KARTE 1.52

?

Erläutern Sie die rechtliche Folge, die eintritt, wenn die Weisung des Arbeitgebers nicht durch sein Direktionsrecht gedeckt ist.

Erläutern Sie die rechtliche Folge, die eintritt, wenn die Weisung des Arbeitgebers nicht durch sein Direktionsrecht gedeckt ist.

Wenn die Weisung des Arbeitgebers nicht durch das Direktionsrecht gedeckt ist, liegt eine **Versetzung** vor.

BEACHTE

- Eine Versetzung bedarf einer **Änderungskündigung**.

  Eine Änderungskündigung besteht aus der Kündigung des bisherigen Arbeitsverhältnisses **und** dem Offerieren eines neuen Vertragsangebotes.
- Der Betriebsrat ist zudem **vor** jeder Versetzung zu unterrichten, ***§ 99 BetrVG.***

KARTE 1.53

? Wie lange darf ein Arbeitnehmer arbeiten?

ANWENDEN (beachten)

1.2.3 Rechte und Pflichten aus dem Arbeitsvertrag

Wie lange darf ein Arbeitnehmer arbeiten?

Den zulässigen Höchstrahmen setzt das **Arbeitszeitgesetz ArbZG** sowie die Sonderregeln im Jugendarbeitsschutzgesetz JArbSchG und Mutterschutzgesetz MuSchG.

Grundsatz:

Die **werktägliche** Arbeitszeit (d.h. von Montag bis Samstag) darf **8 Stunden** nicht überschreiten, nach *§ 3 ArbZG.*

Ausnahme:

Verlängerung auf bis zu 10 Stunden werktäglich (ohne bestimmte Anlässe) **möglich**, **wenn** innerhalb von 6 Kalendermonaten oder innerhalb von 24 Wochen im Durchschnitt 8 Stunden pro Werktag (= Montag bis Samstag) nicht überschritten werden (= **Ausgleichszeitraum**).

Hinweis:
Der Ausgleich der Mehrarbeit innerhalb des Ausgleichzeitraums ist die einzige Voraussetzung für die Verlängerung der regelmäßigen Arbeitszeit. Der gesetzliche Höchstrahmen für die Arbeitszeit beträgt mithin:
6 x 8 Stunden (= 48 Stunden) x 24 Wochen = 1152 Arbeitsstunden pro 6 Kalendermonate

Weitere Ausnahmen:

- Bei **vorübergehenden Arbeiten in Notfällen und in außergewöhnlichen Fällen** darf von § 3 ArbZG abgewichen werden, *§ 14 ArbZG.*
- Auch der **Tarifvertrag** kann Abweichungen zulassen, *§ 7 ArbZG.*

KARTE 1.54

? Erläutern Sie die gesetzlich vorgeschriebenen Ruhepausen für jugendliche und volljährige Arbeitnehmer.

Erläutern Sie die gesetzlich vorgeschriebenen Ruhepausen für jugendliche und volljährige Arbeitnehmer.

Gesetzlich verpflichtende Ruhepausen für **jugendliche Arbeitnehmer**, ***§ 11 JArbSchG***:

Bei 4,5 – 6 Stunden:	30 Minuten
Über 6 Stunden:	60 Minuten

Gesetzlich verpflichtende Ruhepausen für **volljährige Arbeitnehmer** nach ***§ 4 ArbZG***:

Bei 6 – 9 Stunden:	30 Minuten
Über 9 Stunden:	45 Minuten

Hinweise:

- Die Ruhepausen können in Zeitabschnitten von je **mindestens 15 Minuten** aufgeteilt werden. Kürzere Zeitabschnitte gelten nicht als Ruhepausen im Sinne des ArbZG, *§ 4 S.2 ArbZG*
- Ruhepausen zählen nicht zur Arbeitszeit und müssen daher vom Arbeitgeber nicht vergütet werden, *§ 2 Abs.1 ArbZG*
- Ruhezeit von 11 Stunden nach Beendigung der täglichen Arbeitszeit, *§ 5 Abs.1 ArbZG*

KARTE 1.55

? Ist der Arbeitnehmer verpflichtet, Überstunden - über die geschuldete Arbeitszeit hinaus - zu leisten?

Ist der Arbeitnehmer verpflichtet, Überstunden - über die geschuldete Arbeitszeit hinaus - zu leisten?

Überstunden sind im Arbeitsvertrag vereinbart	Überstunden sind im Arbeitsvertrag nicht vereinbart
Grundsatz: Der Arbeitnehmer ist **laut Arbeitsvertrag** verpflichtet, Überstunden auf Aufforderung des Arbeitgebers zu leisten. **Aber** nur im Rahmen der gesetzlichen **Höchstarbeitszeit von 10 Stunden** gemäß ***§ 3 ArbZG,*** wenn der **Zeitausgleich** innerhalb 6 Monaten bzw. 24 Kalenderwochen erfolgt. Darüber hinaus kann der Arbeitnehmer die Überarbeit verweigern. **Ausnahmen:** ■ Es liegen besondere Notfälle nach § 14 ArbZG vor. ■ Der Tarifvertrag lässt Abweichungen zu. **Hinweis:** Grundsätzlich sind bei Überstunden die vorrangigen Interessen des Arbeitnehmers zu beachten.	**Grundsatz:** Der Arbeitnehmer ist aufgrund seiner **Treuepflicht** verpflichtet, Überstunden auf Aufforderung des Arbeitgebers zu leisten. **Aber** nur im Rahmen der gesetzlichen **Höchstarbeitszeit von 10 Stunden** gemäß ***§ 3 ArbZG,*** wenn der **Zeitausgleich** innerhalb 6 Monaten bzw. 24 Kalenderwochen erfolgt. Darüber hinaus kann der Arbeitnehmer die Überarbeit verweigern. **Ausnahmen:** ■ Es liegen besondere Notfälle nach § 14 ArbZG vor. ■ Der Tarifvertrag lässt Abweichungen zu. **Hinweis:** Grundsätzlich sind bei Überstunden die vorrangigen Interessen des Arbeitnehmers zu beachten.

KARTE 1.56

?

Wie kommt ein Arbeitsvertrag zustande?
Welche Form hat ein Arbeitsvertrag?

!

Wie kommt ein Arbeitsvertrag zustande?

Ein Arbeitsvertrag kommt durch **zwei übereinstimmende Willenserklärungen** (= Angebot und Annahme) zustande.

Welche Form hat ein Arbeitsvertrag?

Grundsätzlich bedarf der Arbeitsvertrag nach dem Gesetz **keiner Schriftform**, d.h., er ist formfrei.

Ausnahmen:

Folgende Arbeitsverträge bedürfen der Schriftform:

- Befristete Arbeitsverträge, § 14 Abs.4 TzBfG
- Ausbildungsverträge mit Auszubildenden, § 11 Abs.1 BBiG

KARTE 1.57

?

Hat ein Arbeitnehmer einen Anspruch auf einen schriftlichen Arbeitsvertrag?

!

Hat ein Arbeitnehmer einen Anspruch auf einen schriftlichen Arbeitsvertrag?

Ja, ein Arbeitnehmer hat einen Anspruch auf einen schriftlichen Arbeitsvertrag nach ***§ 2 Abs.1 Nachweisgesetz NachwG*** vom 20.07.95 - in neuester Fassung seit dem **1. August 2022**.

Der Arbeitgeber ist danach verpflichtet (→ **einklagbarer Anspruch**), dem Arbeitnehmer spätestens einen Monat nach dem vereinbarten Beginn des Arbeitsverhältnisses die **wesentlichen Vertragsbedingungen** schriftlich niederzulegen, zu unterzeichnen und dem Arbeitnehmer auszuhändigen.

Der Nachweis in elektronischer Form ist ausgeschlossen.

Ziel des NachwG ist es,

durch umfassende arbeitgeberseitige Informations- und Dokumentationspflichten transparente und verlässliche Arbeitsbedingungen für die Arbeitnehmer zu schaffen.

KARTE 1.58

?

Nennen Sie drei mögliche Mängel eines Arbeitsvertrages.

Nennen Sie drei mögliche Mängel eines Arbeitsvertrages.

Folgende drei mögliche Mängel des Arbeitsvertrages können bestehen:

1. Arbeitsvertrag ist **insgesamt nichtig**, wenn der Arbeitsvertrag mit einem nicht Geschäftsfähigen abgeschlossen wurde, oder wenn der Arbeitsvertrag sittenwidrig ist.
2. Arbeitsvertrag ist **teilnichtig**, wenn eine oder mehrere Klauseln im Arbeitsvertrag nicht geltendem Recht entsprechen.
3. **Anfechtung** des Arbeitsvertrages **wegen arglistiger Täuschung**, Drohung oder Irrtum.

KARTE 1.59

? Erläutern Sie, wann ein Arbeitsvertrag nichtig ist und welche Rechtsfolge dies hat.

Erläutern Sie, wann ein Arbeitsvertrag nichtig ist und welche Rechtsfolge dies hat.

Der Arbeitsvertrag ist nichtig, wenn

- der Arbeitgeber den Arbeitsvertrag mit einem nicht Geschäftsfähigen abschließt **oder**
- der Arbeitsvertrag sittenwidrig ist.

Rechtsfolge:

Bei einem nichtigen Arbeitsverhältnis ist nie ein Arbeitsvertrag zustande gekommen!

KARTE 1.60

?

Was versteht man unter einem teilnichtigen Arbeitsvertrag? Und was passiert, wenn der Arbeitsvertrag teilnichtig ist?

Was versteht man unter einem teilnichtigen Arbeitsvertrag? Und was passiert, wenn der Arbeitsvertrag teilnichtig ist?

Der Arbeitsvertrag ist teilnichtig, wenn eine oder mehrere Klauseln im Arbeitsvertrag nicht geltendem Recht entsprechen,
z.B. **wegen Verstoßes gegen zwingende Arbeitnehmerrechte.**

BEACHTE

Der Ausschluss von Arbeitnehmerschutzrechten im Rahmen des Arbeitsvertrages ist auch nach **ausdrücklicher Genehmigung** durch den Arbeitnehmer **un**wirksam.

Nach § 139 BGB führt die Nichtigkeit eines Teils eines Rechtsgeschäfts zur Nichtigkeit des ganzen Rechtsgeschäftes. **Aber:** Dieser Grundsatz widerspricht dem Arbeitnehmerschutz, sodass im Arbeitsrecht diese Klausel laut Richterrecht nicht gilt.

Im Arbeitsrecht gilt:

An die Stelle des nichtigen Teils tritt die gesetzliche oder tarifliche Regelung. Im Übrigen bleibt der Vertrag bestehen.

KARTE 1.61

? Was versteht man unter Anfechtung?
Wann ist ein Arbeitsvertrag anfechtbar?

ANWENDEN (erkennen)

Was versteht man unter Anfechtung?

Eine Anfechtung ist eine **Willenserklärung**, durch welche nachträglich das Rechtsgeschäft, also der Arbeitsvertrag, **von Anfang an unwirksam** wird.

Hinweise:

- Die Anfechtung **löst** den Arbeitsvertrag mit dem Augenblick der **Erklärung der Anfechtung** auf.

  D.h., erst durch die Anfechtungserklärung wird der Arbeitsvertrag von Anfang an unwirksam. Solange der Arbeitgeber die Anfechtung nicht erklärt, ist der Arbeitsvertrag wirksam.

- Aber, die Anfechtung entfaltet beim Arbeitsverhältnis ihre **Wirkung erst für die Zukunft**. Für die Zeit der Arbeitsaufnahme bis zur einseitigen Beendigungserklärung durch den Arbeitgeber bestand ein **faktisches Arbeitsverhältnis** (→ **Richterrecht**).

Wann ist ein Arbeitsvertrag anfechtbar?

Der Arbeitsvertrag ist anfechtbar, wenn Willensmängel bei der Eingehung des Arbeitsverhältnisses vorlagen.

Die Anfechtung ist nur möglich, wenn ein **Anfechtungsgrund vorliegt.**

Bsp.:

Der Arbeitnehmer veranlasst den Arbeitgeber durch eine arglistige Täuschung zum Abschluss des Arbeitsvertrages durch bewusste Falschbeantwortung einer Frage oder Verschweigen von Tatsachen beim Einstellungsgespräch oder beim Einstellungsfragebogen (→ **Anfechtung aufgrund arglistiger Täuschung nach *§ 123 Abs. 1 BGB***)

KARTE 1.62

? Erläutern Sie zwei Anfechtungsgründe im Arbeitsrecht.

Erläutern Sie zwei Anfechtungsgründe im Arbeitsrecht.

Mögliche Anfechtungsgründe im Arbeitsrecht:

- **Arglistige Täuschung durch den Arbeitnehmer** *(§ 123 Abs.1 BGB)*

  Der Arbeitnehmer veranlasst den Arbeitgeber durch eine arglistige Täuschung zum Abschluss des Arbeitsvertrages durch **bewusste Falschbeantwortung** einer zulässigen Frage oder Verschweigen von stellenbedeutsamen Tatsachen beim Einstellungsgespräch oder beim Einstellungsfragebogen.

- **Irrtum über Eigenschaften des Arbeitnehmers, die verkehrswesentlich sind** *(§ 119 BGB)*

  Eigenschaften des Arbeitnehmers sind z.B. Geschlecht, Alter, Sachkunde, Gesundheitszustand. Diese Eigenschaften des Arbeitnehmers müssen jedoch erheblich sein, d.h., sie müssen in unmittelbarer Beziehung zum Inhalt des Arbeitsvertrages stehen.

- **Drohung durch den Arbeitnehmer** *(§ 123 Abs.1 BGB)*

  Der Arbeitgeber ist zur Anfechtung des Arbeitsvertrages berechtigt, wenn er vom Arbeitnehmer widerrechtlich durch Drohung zum Vertragsschluss bestimmt worden ist.

KARTE 1.63

?

Wann muss die Anfechtungserklärung durch den Arbeitgeber spätestens ausgesprochen werden (= Anfechtungsfrist)?

Welche Folgen hat eine Anfechtungserklärung?

Wann muss die Anfechtungserklärung durch den Arbeitgeber spätestens ausgesprochen werden (= Anfechtungsfrist)?

Die Dauer der Anfechtungsfrist hängt vom Anfechtungsgrund ab:

- Bei einem **Eigenschaftsirrtum** gem. § 119 BGB muss die Anfechtungserklärung unverzüglich im Sinne von § 121 BGB, d.h. innerhalb zwei Wochen, ausgesprochen werden.
- Bei einer **arglistigen Täuschung** oder Drohung gem. ***§ 123 BGB*** muss die Anfechtung **spätestens 1 Jahr ab Kenntnis des Anfechtungsberechtigten von den Anfechtungsgründen** erklärt werden, ***§ 124 Abs.1 und Abs.2 BGB.***

Welche Folgen hat eine Anfechtungserklärung?

Durch die **Erklärung** der Anfechtung wird der Arbeitsvertrag **von Anfang an unwirksam**.

Die Anfechtung löst den Arbeitsvertrag zwar mit dem Augenblick der Erklärung der Anfechtung auf, allerdings entfaltet sie beim Arbeitsverhältnis ihre **Wirkung erst für die Zukunft**.

Für die Zeit der Arbeitsaufnahme bis zur einseitigen Beendigungserklärung durch den Arbeitgeber bestand ein **faktisches Arbeitsverhältnis** (→ Richterrecht).

KARTE 1.64

? Nennen Sie drei Fälle, in denen der Arbeitnehmer Lohn erhält, ohne zu arbeiten.

Nennen Sie drei Fälle, in denen der Arbeitnehmer Lohn erhält, ohne zu arbeiten.

„Lohn ohne Arbeit“ **bekommt der Arbeitnehmer in folgenden Fällen:**

- Entgeltfortzahlung im Krankheitsfall, § 3 EntgFG
- Entgeltfortzahlung bei Erholungsurlaub, §§ 1, 3 BUrlG
- Entgeltfortzahlung bei Feiertagen, § 2 Abs.1 EntgFG
- Entgeltfortzahlung bei Bildungsurlaub
- Entgeltfortzahlung bei Krankheit des Kindes, bzw. bei Arbeitsverhinderung des Arbeitnehmers aus persönlichen Gründen, § 616 BGB
- Anspruch auf Krankengeld von der Krankenkasse bei Krankheit des Kindes, § 45 SGB V
- Entgeltfortzahlung bei Betriebsrisiko (= vom Arbeitgeber zu vertretende Unmöglichkeit der Arbeitsleistung)
- Entgeltfortzahlung bei Annahmeverzug, § 615 BGB

KARTE 1.65

?

Beschreiben Sie die Voraussetzungen, die vorliegen müssen, um einen Anspruch auf Entgeltfortzahlung im Krankheitsfall zu haben.

Beschreiben Sie die Voraussetzungen, die vorliegen müssen, um einen Anspruch auf Entgeltfortzahlung im Krankheitsfall zu haben.

Voraussetzungen für einen Entgeltfortzahlungsanspruch im Krankheitsfall:

1. Erfüllung der **4-wöchigen Wartefrist** gemäß § 3 Abs.3 EntgFG
2. **Kein grobes Verschulden der Krankheit** durch den Arbeitnehmer

   (d.h. kein grobes Abweichen von der Verhaltensweise, die ein vernünftiger Arbeitnehmer in seinem eigenen Interesse einhält)
3. **Unverzügliches Anzeigen** der Arbeitsunfähigkeit, sowie Krankmeldung >3 Tage (d.h. ab dem 4. Tag) nach § 5 EntgFG
4. **Kein Leistungsverweigerungsrecht des Arbeitgebers** gemäß § 7 EntgFG

Rechtsfolge:

Gesetzlicher Anspruch auf Fortzahlung der Vergütung zu **100 %** durch den Arbeitgeber nach ***§ 4 Abs.1 EntgFG*** längstens für **6 Wochen** (**= 42 Kalendertage**).

Im Anschluss an die 6-wöchige Entgeltfortzahlung des Arbeitgebers schließt sich entweder Krankengeld oder Verletztengeld an.

- **Krankengeld von der Krankenkasse** nach §§ 47, 48 SGB V in Höhe von **70 % des Regelentgelts**
- **Verletztengeld von der Berufsgenossenschaft** nach §§ 45, 46, 47 SGB VII in Höhe von **80 % des Regelentgelts**

KARTE 1.66

?

Michael Müller, ein Mitarbeiter der X-GmbH, war aufgrund eines Fahrradsturzes bei seinem abendlichen Freizeitsport vom 02.11.2023 bis 09.01.2024 arbeitsunfähig.

Wer zahlt in welcher Höhe während seiner Erkrankung?

Michael Müller, ein Mitarbeiter der X-GmbH, war aufgrund eines Fahrradsturzes bei seinem abendlichen Freizeitsport vom 02.11.2023 bis 09.01.2024 arbeitsunfähig. Wer zahlt in welcher Höhe während seiner Erkrankung?

Herr Müller erhält ab dem 02.11.2023 für die **ersten sechs Wochen Entgeltfortzahlung im Krankheitsfall** von seinem Arbeitgeber in Höhe von **100 % des Arbeitsentgelts**, nach §§ 3 und 4 EntgFG.

Danach erhält er bis zum 09.01.2024 **Krankengeld von der Krankenkasse in Höhe von 70 % des Regelentgelts**, § 47 Abs.1 SGB V.

BEACHTE

Bei einem **Arbeitsunfall** erhält der Arbeitnehmer (anstatt Krankengeld von der Krankenkasse), **Verletztengeld von der Berufsgenossenschaft nach §§ 45, 46, 47 SGB VII in Höhe von 80 % des Regelentgelts.**

KARTE 1.67

?

Michael Müller, ein Mitarbeiter der X-GmbH, war aufgrund eines Fahrradsturzes in volltrunkenem Zustand bei seinem abendlichen Freizeitsport vom 02.11.2023 bis 09.01.2024 arbeitsunfähig.

Wer zahlt in welcher Höhe während seiner Erkrankung?

Michael Müller, ein Mitarbeiter der X-GmbH, war aufgrund eines Fahrradsturzes in volltrunkenem Zustand bei seinem abendlichen Freizeitsport vom 02.11.2023 bis 09.01.2024 arbeitsunfähig. Wer zahlt in welcher Höhe während seiner Erkrankung?

Herr Müller erhält **keine Entgeltfortzahlung im Krankheitsfall von seinem Arbeitgeber**, da er seine Arbeitsunfähigkeit **selbstverschuldet** - aufgrund seiner Volltrunkenheit - herbeigeführt hat.

Da (aufgrund der Volltrunkenheit) kein Arbeitsunfall vorliegt, zahlt die **Krankenkasse Krankengeld in Höhe von 70 % des Regelentgelts**, § 47 Abs.1 SGB V, für den gesamten Erkrankungszeitraum vom 02.11.2023 bis 09.01.2024.

KARTE 1.68

? Nennen Sie drei Beispiele für selbstverschuldete Arbeitsunfähigkeit durch den Arbeitnehmer.

Nennen Sie drei Beispiele für selbstverschuldete Arbeitsunfähigkeit durch den Arbeitnehmer.

Selbstverschuldete Arbeitsunfähigkeit liegt zum Beispiel vor bei:

- Verletzung durch einen Verkehrsunfall infolge **Trunkenheit** oder sonst grob fahrlässigen Verhaltens im Straßenverkehr
- Verletzung durch einen Arbeitsunfall infolge vorsätzlicher oder grob fahrlässiger Verstöße gegen Unfallverhütungsvorschriften
- Verletzung bei einer besonders gefährlichen oder die Kräfte des Arbeitnehmers übersteigenden Nebentätigkeit
- Verletzung bei einer **selbst provozierten** Rauferei
- Nichttragen eines Sicherheitsgurtes, Wenden auf der Autobahn

Hinweis zu Sportunfällen:

Sportunfälle sind nur dann selbstverschuldet, wenn der Arbeitnehmer in einer Weise Sport betreibt, die seine Kräfte und Fähigkeiten deutlich übersteigt oder wenn die Sportart selbst besonders gefährlich ist.

Aber, die Einhaltung der Sicherheitsvorschriften durch den Arbeitnehmer kann die Einschätzung als „besonders gefährliche Sportart" verhindern.

KARTE 1.69

?

Welche beiden Pflichten hat der Arbeitnehmer bei Arbeitsunfähigkeit?

Welche Rechtsfolgen können eintreten, wenn der Arbeitnehmer seinen Pflichten nicht nachkommt?

Welche beiden Pflichten hat der Arbeitnehmer bei Arbeitsunfähigkeit?

1. **Anzeigepflicht des Arbeitnehmers:**
   Der Arbeitnehmer muss **unverzüglich** dem Arbeitgeber die Arbeitsunfähigkeit und deren voraussichtliche Dauer mitteilen, gem. *§ 5 Abs.1 S.1 EntgFG.*
2. **Nachweispflicht des Arbeitnehmers:**
   Die Vorlage eines ärztlichen Attestes hat **spätestens am 4. Tag** zu erfolgen, *§ 5 Abs.1 S.2 EntgFG.*
   Der Arbeitgeber ist aber berechtigt, die Vorlage des Attestes für alle Arbeitnehmer ab dem 1. Krankheitstag zu verlangen, *§ 5 Abs.1 S.3 EntgFG.*

Welche Rechtsfolgen können eintreten, wenn der Arbeitnehmer seinen Pflichten nicht nachkommt?

Rechtsfolgen bei Verletzung der Anzeigepflicht:

Die Verletzung der Anzeigepflicht bei Arbeitsunfähigkeit durch den Arbeitnehmer kann zu einer Abmahnung und - im Wiederholungsfall - ggf. auch zu einer verhaltensbedingten Kündigung führen.

Rechtsfolgen bei Verletzung der Nachweispflicht:

Solange der Arbeitnehmer keine AU-Bescheinigung vorlegt, braucht der Arbeitgeber für diesen Zeitraum kein Entgelt zu zahlen, § 7 Abs.2 EntgFG. **Aber**, der Arbeitgeber muss nach Vorlage ggf. rückwirkend zahlen.

Neu ab **01.01.2023:** Die Verpflichtung zur Vorlage der Arbeitsunfähigkeitsbescheinigung in Papierform fällt weg. Die Arbeitgeber sind nun verpflichtet, die Arbeitsunfähigkeitsdaten **elektronisch** direkt bei der Krankenkasse abzurufen (→ **elektronische AU-Bescheinigung eAU**).

KARTE 1.70

? Welche Tätigkeiten darf der Arbeitnehmer während der Arbeitsunfähigkeit ausüben?

Welche Tätigkeiten darf der Arbeitnehmer während der Arbeitsunfähigkeit ausüben?

Der Arbeitnehmer darf während der Arbeitsunfähigkeit alle Tätigkeiten ausüben, die den **Heilungsverlauf nicht verlangsamen.**

Unerheblich ist es, wenn der Arbeitnehmer während der Krankschreibung nicht zu Hause ist!

BEACHTE

Wenn **Zweifel** an der Arbeitsunfähigkeit des Arbeitnehmers bestehen, kann der Arbeitgeber verlangen, dass die Krankenkasse eine gutachtliche Stellungnahme des Medizinischen Dienstes (MDK) zur Überprüfung der Arbeitsunfähigkeit einholt, § 275 SGB V.

?

Welche Anzeige- und Nachweispflichten gelten bei Erkrankung des Arbeitnehmers im Ausland?

Welche Anzeige- und Nachweispflichten gelten bei Erkrankung des Arbeitnehmers im Ausland?

Bei **Erkrankung im Ausland** gelten folgende - weitergehende - Anzeige- und Nachweispflichten des Arbeitnehmers nach ***§ 5 Abs.2 EntgFG:***

1. Schnellstmöglich dem Arbeitgeber und der Krankenkasse die Arbeitsunfähigkeit, deren voraussichtliche Dauer und die **Adresse am Aufenthaltsort** mitteilen.
2. Ist der Arbeitnehmer länger als 3 Tage krank, muss er einen **Arzt** aufsuchen, der die Arbeitsunfähigkeit **attestiert.**
3. **Nach Rückkehr** des arbeitsunfähig erkrankten Arbeitnehmers ins Inland muss dieser sich unverzüglich beim Arbeitgeber und bei der Krankenkasse melden und seine Rückkehr anzeigen.

KARTE 1.72

? Wie lange muss der Arbeitgeber bei wiederholter Arbeitsunfähigkeit Entgeltfortzahlung im Krankheitsfall leisten?

VERSTEHEN (beurteilen)

1.3.1 Entgeltfortzahlung im Krankheitsfall

Wie lange muss der Arbeitgeber bei wiederholter Arbeitsunfähigkeit Entgeltfortzahlung im Krankheitsfall leisten?

!

Grundsätze:

- Jede auf einer **neuen, d.h. anderen** Krankheit beruhende Arbeitsunfähigkeit begründet grundsätzlich auch einen **neuen Anspruch** auf Entgeltfortzahlung durch den Arbeitgeber von sechs Wochen.
- Wird der Arbeitnehmer wegen **derselben** Krankheit mehrfach arbeitsunfähig geschrieben (**sog. Fortsetzungskrankheit**), besteht ein Entgeltfortzahlungsanspruch grundsätzlich nur für **insgesamt sechs Wochen** (= **42 Kalendertage**).

Ausnahmen bei „derselben Krankheit“:

Trotz **derselben** Krankheit und Überschreiten der insgesamt 42 Kalendertagen muss der Arbeitgeber wiederum für 6 Wochen Entgeltfortzahlung im Krankheitsfall leisten, wenn eine der beiden gesetzlichen Ausnahmen vorliegt:

- **Ausnahme 1: *§ 3 Abs. 1 S. 2 Nr. 1 EntgFG:***
  War der Arbeitnehmer vor der erneuten Arbeitsunfähigkeit **mindestens sechs Monate nicht wegen derselben Krankheit** arbeitsunfähig, entsteht ein **neuer** Anspruch auf Entgeltfortzahlung von bis zu sechs Wochen.
- **Ausnahme 2: *§ 3 Abs. 1 S. 2 Nr. 2 EntgFG*:**
  Seit Beginn der ersten Erkrankung an der Krankheit A, bestand zwar **keine sechsmonatige krankheitsfreie Zeit von Krankheit A** (d.h. der Arbeitnehmer ist weiterhin öfters aufgrund derselben Krankheit A arbeitsunfähig), jedoch sind **seit Beginn der ersten Erkrankung an der Krankheit A zwölf Monate** vergangen.

KARTE 1.73

?

Michael Müller, ein Mitarbeiter der X-GmbH, war aufgrund eines Fahrradsturzes bei seinem abendlichen Freizeitsport vom 02.05.2023 bis 03.07.2023 arbeitsunfähig. Aufgrund der Spätfolgen des Sturzes war er ab dem 18.01.2024 wieder für 4 Wochen arbeitsunfähig.

Wer zahlt in welcher Höhe während seiner Erkrankung?

Wer zahlt in welcher Höhe während seiner Erkrankung?

- Herr Müller erhält ab dem 02.05.2023 für die ersten sechs Wochen Entgeltfortzahlung im Krankheitsfall von seinem Arbeitgeber in Höhe von 100 % des Arbeitsentgelts, §§ 3 und 4 EntgFG.
- Danach erhält er bis zum 03.07.2023 Krankengeld von der Krankenkasse in Höhe von 70 % des Regelentgelts, § 47 Abs.1 SGB V.
- Ab dem 18.01.2024 erhält Herr Müller wiederum Entgeltfortzahlung im Krankheitsfall von seinem Arbeitgeber in Höhe von 100 % des Arbeitsentgelts, da er vor Beginn der erneuten Arbeitsunfähigkeit sechs Monate infolge derselben Krankheit nicht arbeitsunfähig war, § 3 Abs.1 S.2 Nr.1 EntgFG.

KARTE 1.74

? Wie viel Urlaub steht einem Arbeitnehmer nach den gesetzlichen Vorschriften zu?

VERSTEHEN (beurteilen)

1.3.2 Entgeltfortzahlung bei Urlaub

Wie viel Urlaub steht einem Arbeitnehmer nach den gesetzlichen Vorschriften zu?

Grundsatz:

Jedem Arbeitnehmer steht nach *§§ 1, 3 BUrlG* ein Anspruch auf **Mindesturlaub** in Höhe von **24 Werk(!)tagen pro Jahr** zu, der nach einer einmaligen Erfüllung der Wartezeit des *§ 4 BUrlG* am Anfang eines jeden Jahres als Anspruch auf Vollurlaub entsteht.

Ausnahme:

Im **Ein- und Austrittsjahr** besteht **Teilurlaubsanspruch nach *§ 5 BUrlG*.**
Ist der Arbeitnehmer im betreffenden Kalenderjahr weniger als 6 Monate im Betrieb, wird der Urlaub pro **vollem (!) Monat** des Bestehens des Arbeitsverhältnisses gezwölftelt, d.h. **2 Werktage Urlaub pro vollen Monat**.

BEACHTE

Ein Arbeitnehmer, der im Kalenderjahr **länger als 6 Monate** im Betrieb ist, hat den **vollen** Urlaubsanspruch von **24 Werktagen**.

Fallbeispiel:

Mitarbeiter A tritt am 01.01.2023 in die X-GmbH ein und verlässt das Unternehmen wieder am 31.07.2023. Wie viel Urlaub steht dem Mitarbeiter A dafür zu?

Lösung:

Mitarbeiter A bekommt 24 Werktage Urlaub, da er im Kalenderjahr länger als 6 Monate im Betrieb war.
Zu beachten ist allerdings, dass Doppelansprüche nach ***§ 6 BUrlG*** ausgeschlossen sind, d.h. Mitarbeiter A hat keinen weiteren Anspruch im Jahr 2023 (!) auf Urlaub, falls er bei einem neuen Arbeitgeber in der zweiten Hälfte von 2023 beschäftigt wird.

KARTE 1.75

? Wann muss der Urlaub genommen werden? Bzw. darf der Arbeitnehmer Urlaubstage von einem Kalenderjahr ins nächste übertragen?

VERSTEHEN (beurteilen)

1.3.2 Entgeltfortzahlung bei Urlaub

Wann muss der Urlaub genommen werden? Bzw. darf der Arbeitnehmer Urlaubstage von einem Kalenderjahr ins nächste übertragen?

Grundsatz:

Nach *§ 7 Abs.3 BUrlG* muss der Jahresurlaub im **laufenden Kalenderjahr gewährt und genommen** werden, **sonst verfällt er.**

Ausnahme:

Eine **Übertragung** des Urlaubs auf das nächste Kalenderjahr ist nach *§ 7 Abs.3 S.2 BUrlG* nur statthaft, wenn der **Urlaub betriebs- oder personenbedingt im laufenden Kalenderjahr nicht genommen werden konnte.** **Aber**, dann muss der Urlaub **spätestens** mit Ablauf des **31.03. des Folgejahres gewährt und genommen werden**, *§ 7 Abs.3 S.3 BUrlG*. Kann nun der Arbeitnehmer den Urlaub bis zum 31.03. des Folgejahres nicht nehmen, **verfällt der (Rest-)Urlaub nach dem BUrlG**, aber evtl. Schadensersatzansprüche.

Aber, neue Urteile des EuGH (Stand 06.11.2018): Urlaubsanspruch verfällt nicht automatisch, weil der Arbeitnehmer keinen Urlaub beantragt hat. Der AG muss den AN auch in die Lage versetzt haben, Urlaub rechtzeitig zu nehmen - etwa indem er ihn ausdrücklich **schriftlich** dazu **aufgefordert** **und** ihn auf den **Urlaubsverfall konkret hingewiesen** hat (→ **Hinweispflicht des Arbeitgebers!**).

Hinweise:

- Bei **Beendigung des Arbeitsverhältnisses** ist der Urlaub **abzugelten**, d.h. auszubezahlen, *§ 7 Abs.4 BUrlG*
- Sind Arbeitnehmer **langandauernd erkrankt** und können deshalb ihren Urlaub bis zum Ende des Übertragungszeitraums nicht nehmen, verfallen die gesetzlichen Urlaubsansprüche arbeitsunfähiger Arbeitnehmer nach Rechtsprechung des BAG **15 Monate nach Ablauf des jeweiligen Urlaubsjahres**, **aber** nur unter der Voraussetzung, dass der **Arbeitgeber auf den Urlaubsverfall hingewiesen** hat.

KARTE 1.76

? Kann der Arbeitnehmer selbst bestimmen, wann er seinen Urlaub nimmt?

Kann der Arbeitnehmer selbst bestimmen, wann er seinen Urlaub nimmt?

Grundsätzlich ja, denn der Zeitpunkt der Urlaubsgewährung ist abhängig vom **Wunsch des Arbeitnehmers**, nach *§ 7 Abs.1 BUrlG.*

Ausnahme:

Dringende betriebliche Belange oder Urlaubswünsche anderer Arbeitnehmer, die unter sozialen Gesichtspunkten den Vorrang verdienen.

BEACHTE

- Der Arbeitnehmer ist **nicht** berechtigt **eigenmächtig**, d.h., ohne Erlaubnis des Arbeitgebers, seinen Urlaub anzutreten.
  Mögliche Folge der eigenmächtigen Urlaubnahme (sog. **Selbstbeurlaubung**): fristlose Kündigung
- Genehmigter Urlaub kann - vor Urlaubsantritt - bei dringenden betrieblichen Gründen gestrichen werden. Dann entsteht ein Anspruch des Arbeitnehmers gegenüber dem Arbeitgeber auf Ersatz der Stornokosten der gebuchten Urlaubsreise.
- Nach Rechtsprechung des Bundesarbeitsgerichts ist ein **Rückruf** aus dem bereits angetretenen Urlaub **unzulässig**. Nur in extrem gelagerten Ausnahmesituationen kann ein Rückruf aus dem Urlaub erlaubt sein.

  Eine **Rückruf-Vereinbarung** z.B. im Arbeitsvertrag ist immer unwirksam.

KARTE 1.77

Kann der Arbeitgeber der gesamten Belegschaft Betriebsurlaub anordnen?

VERSTEHEN (beurteilen)

1.3.2 Entgeltfortzahlung bei Urlaub

Kann der Arbeitgeber der gesamten Belegschaft Betriebsurlaub anordnen?

Ja, der Arbeitgeber kann der gesamten Belegschaft Betriebsurlaub unter Anrechnung auf ihren Jahresurlaub erteilen.

Aber: Kein Betriebsurlaub ohne Grenzen.

D.h., es muss sichergestellt werden, dass den Arbeitnehmern ausreichend Urlaub zur freien Planung übrig bleibt.

Nach Rechtsprechung des BAG ist es zulässig, dass eine Betriebsvereinbarung **60%** (3/5tel) des Erholungsurlaubes als Betriebsurlaub definiert (BAG, Urteil vom 28.07.81, Az: 1 ABR 79/92).

BEACHTE

Der Betriebsrat hat beim Thema Urlaub/Betriebsurlaub ein **Mitbestimmungsrecht** nach § 87 Abs.1 Nr.5 BetrVG.

KARTE 1.78

? Besteht ein Anspruch auf Entgeltfortzahlung oder auf Krankengeld bei Krankheit des Kindes? Wenn ja, unter welchen Voraussetzungen?

Besteht ein Anspruch auf Entgeltfortzahlung oder auf Krankengeld bei Krankheit des Kindes? Wenn ja, unter welchen Voraussetzungen?

Grundsätzlich haben Eltern bei Erkrankung ihrer Kinder gegenüber ihrem Arbeitgeber einen gesetzlichen **Anspruch auf bezahlte Freistellung** wegen einer vorübergehenden Verhinderung **nach § 616 BGB.**

Aber, § 616 BGB wird in der Regel durch Tarif- und/oder Arbeitsvertrag ausgeschlossen!

BEACHTE

Wenn § 616 BGB **ausgeschlossen** wurde, hat der Arbeitnehmer nach **§ 45 Abs.3 SGB V**

1. **Anspruch auf unbezahlte Freistellung** von der Arbeit **gegenüber dem Arbeitgeber** (→ Freistellungsanspruch!) **und**
2. **Anspruch auf Krankengeld gegenüber der Krankenkasse.**

   Anspruch auf Kinderkrankengeld besteht unter den Voraussetzungen, dass es nach ärztlichem Zeugnis erforderlich ist, dass eine andere im Haushalt lebende Person die Beaufsichtigung, Betreuung oder Pflege nicht übernehmen kann und das Kind das 12. Lebensjahr noch nicht vollendet hat, § 45 SGB V.

Hinweis: Anspruchsdauer des Kinderkrankengeldes nach § 45 SGB V:

Neu ab 01.01.2024: **Erhöhung** der Kinderkrankengeldtage: Versicherte haben pro Kalenderjahr einen Anspruch auf Kinderkrankengeld von der Krankenkasse für jedes Kind (unter 12 Jahren) **15 Arbeitstage**, bei Alleinerziehenden **30 Arbeitstage**. Leben mehrere Kinder in der Familie beträgt der maximale Anspruch **35 Arbeitstage**, bei Alleinerziehenden **70 Arbeitstage**, § 45 Abs.2 SGB V. Aber, eine **ärztliche Bestätigung** der Krankheit des Kindes **ist erforderlich** und muss dem Arbeitgeber ausgehändigt werden.

KARTE 1.79

?

Hat ein Arbeitnehmer Ansprüche auf Entgelt vom Arbeitgeber, wenn er aus persönlichen Gründen verhindert ist?

Nennen Sie vier persönliche Gründe der Arbeitsverhinderung.

Hat ein Arbeitnehmer Ansprüche auf Entgelt vom Arbeitgeber, wenn er aus persönlichen Gründen verhindert ist?

Nach *§ 616 BGB* behält der Dienstnehmer (= Arbeitnehmer) den Anspruch auf die volle Arbeitsvergütung, wenn er für eine verhältnismäßig nicht erhebliche Zeit durch einen in seiner Person liegenden Grund **ohne sein Verschulden** an der Arbeitsleistung verhindert ist.

Aber, § 616 BGB wird in der Regel durch Tarif- und/oder Arbeitsvertrag **ausgeschlossen**!

Nennen Sie vier persönliche Gründe der Arbeitsverhinderung.

Persönliche Gründe der Arbeitsverhinderung:

- Unaufschiebbare Behördengänge, die nur während der Arbeitszeit möglich sind
- Ladung vor Gericht als Zeuge oder Tätigkeit als Schöffe
- Bedeutsame familiäre Ereignisse (Geburt, Hochzeit, Beerdigung)
- Arztbesuch, soweit die ärztliche Versorgung während der Arbeitszeit entweder medizinisch erforderlich ist oder die Sprechstunden des Arztes in der Arbeitszeit liegen und ein Termin außerhalb der Sprechstunden nicht vereinbart werden kann.
- Plötzliche, schwerwiegende Erkrankung des nächsten Angehörigen
(Hinweis: Wenn § 616 BGB durch Tarif- und/oder Arbeitsvertrag ausgeschlossen ist, besteht bei Krankheit des Kindes ein Anspruch auf Krankengeld nach § 45 SGB V).

KARTE 1.80

?

Was versteht man unter Betriebsrisiko?

Wer trägt das Betriebsrisiko, d.h, wer leistet Entgeltfortzahlung bei Betriebsrisiko?

Was versteht man unter Betriebsrisiko?

Betriebsrisiko bezeichnet das Risiko, dass ein Unternehmen seine Leistung aus betrieblich-technischen oder zwingenden rechtlichen Gründen nicht erfüllen kann (= **Unmöglichkeit der Arbeitsleistung**).

Wer trägt das Betriebsrisiko, d.h, wer leistet Entgeltfortzahlung bei Betriebsrisiko?

Nach dem BAG trägt der Arbeitgeber das Betriebsrisiko. Das heißt, der Arbeitgeber hat das Entgelt an den Arbeitnehmer weiterzuzahlen, wenn die Arbeit aus Gründen unterbleibt, die

1. in seinem Einflussbereich liegen (z.B. Stromausfall, Ausfall von Rohstoffen, Defekt an Maschinen, Betriebsstockung durch Brand) **oder**
2. von höherer Gewalt herrühren (z.B. Überschwemmung).

Aber: Anrechnung beachten,
d.h., der Arbeitnehmer muss sich auf seinen Lohnanspruch das anrechnen lassen, was er durch den Wegfall der Arbeitsleistung erspart **oder** durch anderweitige Arbeit erwirbt **oder** zu erwerben „böswillig" unterlässt. Die Nichtannahme von Ersatzarbeit ist dann böswillig, wenn sie zumutbar, also etwa gleichartig und mit keinen wesentlichen Nachteilen für den Arbeitnehmer verbunden ist.

KARTE 1.81

?

Was versteht man unter Annahmeverzug?

Erläutern Sie die Voraussetzungen und die Rechtsfolge eines Annahmeverzugs.

!

Was versteht man unter Annahmeverzug?

Der Annahmeverzug des Arbeitgebers liegt vor, wenn dieser die ordnungsgemäß angebotene Arbeitsleistung des Arbeitnehmers ohne zulässigen Grund ablehnt, *§ 615 BGB.*

Hinweis:

Hauptfall des Annahmeverzugs ist die **ungerechtfertigte Kündigung!**

Erläutern Sie die Voraussetzungen und die Rechtsfolge eines Annahmeverzugs.

Voraussetzungen des Annahmeverzugs:

1. **Arbeitgeber nimmt die angebotene Arbeit des Arbeitnehmers nicht an**
   z.B. Arbeitgeber weist dem Arbeitnehmer keine Arbeit zu; Arbeitgeber stellt dem Arbeitnehmer kein Material oder keinen funktionsfähigen Arbeitsplatz zur Verfügung; Arbeitgeber lässt den Arbeitnehmer überhaupt nicht arbeiten; der Arbeitgeber kündigt den Arbeitnehmer ungerechtfertigt und bringt dadurch zum Ausdruck, er werde dem Arbeitnehmer nach Ablauf der Kündigungsfrist keinen Arbeitsplatz zur Verfügung stellen (Hauptfall: ungerechtfertigte Kündigung)
2. **Arbeitnehmer ist leistungsbereit und leistungsfähig**
   Der Arbeitnehmer ist nicht leistungsbereit und nicht leistungsfähig bei Strafvollzug und bei Krankheit.

Rechtsfolge des Annahmeverzugs:

Der Arbeitnehmer kann, ohne Arbeit zu leisten, seinen Lohn nach § 615 BGB verlangen.
Aber: Anrechnung beachten (siehe Karte Betriebsrisiko).

KARTE 1.82

?

Nennen Sie vier Störungen im Arbeitsverhältnis, bei denen Ansprüche auf Schadensersatz bestehen können.

Nennen Sie vier Störungen im Arbeitsverhältnis, bei denen Ansprüche auf Schadensersatz bestehen können.

1. Verletzung einer (vor-)vertraglichen Pflicht durch Arbeitgeber oder Arbeitnehmer, nach §§ 280, 311 BGB
2. Schädigende unerlaubte Handlung durch Arbeitgeber oder Arbeitnehmer, nach § 823 Abs.1 BGB und § 831 BGB
3. Haftung des Arbeitnehmers für Schäden, die er seinem Arbeitgeber zufügt (= innerbetrieblicher Schadensausgleich)
4. Haftung des Arbeitgebers für Eigenschäden des Arbeitnehmers
5. Vertragsstrafen
6. Mankohaftung

KARTE 1.83

? Erläutern Sie, ob und wie der Arbeitnehmer für Schäden, die er seinem Arbeitgeber zufügt, haftet.

VERSTEHEN (beurteilen)

1.4.1 Verletzung der Haupt- und Nebenpflichten,
z.B. Schadensersatzansprüche

Erläutern Sie, ob und wie der Arbeitnehmer für Schäden, die er seinem Arbeitgeber zufügt, haftet.

Hinweis:

Nach dem BGB würde der Arbeitnehmer grundsätzlich für jeden Schaden, den er dem Arbeitgeber zufügt gem. §§ 280, 823 BGB haften. Diese Haftung nach dem „Alles oder Nichts-Prinzip" wird jedoch im Allgemeinen als unangemessen empfunden, wenn der Arbeitnehmer den Schaden nicht vorsätzlich, sondern nur fahrlässig verursacht hat. Denn so könnte ja eine einzige Unachtsamkeit den Arbeitnehmer und seine Familie in den Ruin reißen. Daher bestimmt sich der Umfang der Haftungseinschränkung nach dem **Grad des Verschuldens** (= **Fahrlässigkeitsgrad**). Sie wird unterteilt in leichteste, mittlere und grobe Fahrlässigkeit.

Im Arbeitsrecht besteht folgende Haftungsaufteilung für Schäden aus betrieblich veranlasster Tätigkeit (→ Richterrecht):

Grobe Fahrlässigkeit/Vorsatz	Mittlere Fahrlässigkeit	Leichteste Fahrlässigkeit
In der Regel unbeschränkte **volle Haftung** des Arbeitnehmers	**Schadensaufteilung unter Berücksichtigung der Einzelfallumstände** Abwägungskriterien zur Ermittlung der Haftungsquote sind: Schadenshöhe, Versicherbarkeit des Risikos, bisheriges Verhalten des Arbeitnehmers, Gefahrgeneigtheit der Tätigkeit, persönliche Verhältnisse des Arbeitnehmers, Höhe des Arbeitsentgelts des Arbeitnehmers	**Keine Haftung** des Arbeitnehmers

KARTE 1.84

? Was versteht man unter grober, mittlerer und leichtester Fahrlässigkeit?

VERSTEHEN (beurteilen)

1.4.1 Verletzung der Haupt- und Nebenpflichten, z.B. Schadensersatzansprüche

!

Was versteht man unter grober, mittlerer und leichtester Fahrlässigkeit?

Grobe Fahrlässigkeit:

Der Arbeitnehmer handelt grob fahrlässig, wenn er die im Verkehr erforderliche Sorgfalt nach den gesamten Umständen in besonders schwerem Maße verletzt und unbeachtet lässt, was im konkretem Fall jedem hätte einleuchten müssen.

Mittlere Fahrlässigkeit:

Bei mittlerer Fahrlässigkeit/ normaler Fahrlässigkeit hat der Arbeitnehmer die im Verkehr erforderliche Sorgfalt nicht beachtet, ohne dass ihm ein besonders schwerer Vorwurf zu machen ist. Daher wird eine vollständige Haftungsfreistellung abgelehnt. Die Aufteilung richtet sich nach der Rechtsprechung nach Zumutbarkeitsgesichtspunkten. Und zwar wird beim Ausgleich des Schadens zwischen Arbeitgeber und Arbeitnehmer eine Quotelung anhand der Umstände des Einzelfalles vorgenommen.

Leichteste Fahrlässigkeit:

Die leichteste Fahrlässigkeit ist für den Arbeitnehmer die mildeste Stufe für ein unerhebliches, vernachlässigendes Verschulden. Sie liegt bei kleinen Fehlern oder Versehen vor.

KARTE 1.85

?

Kann der Arbeitgeber den materiellen Schaden, der durch mittlere oder grobe Fahrlässigkeit des Arbeitnehmers entstanden ist, mit dem Arbeitseinkommen des Arbeitnehmers aufrechnen?

VERSTEHEN (beurteilen)

1.4.1 Verletzung der Haupt- und Nebenpflichten, z.B. Schadensersatzansprüche

Kann der Arbeitgeber den materiellen Schaden, der durch mittlere oder grobe Fahrlässigkeit des Arbeitnehmers entstanden ist, mit dem Arbeitseinkommen des Arbeitnehmers aufrechnen?

Ja, der Arbeitgeber kann den materiellen Schaden, der durch mittlere oder grobe Fahrlässigkeit des Arbeitnehmers entstanden ist, mit dem Arbeitseinkommen des Arbeitnehmers aufrechnen nach § 387 BGB.

Jedoch sind die Pfändungsfreigrenzen des Arbeitseinkommens zu beachten!

Hinweis:

Es besteht bei der Aufrechnung kein Mitbestimmungsrecht des Betriebsrates.

KARTE 1.86

? Warum besteht bei Personenschäden im Arbeitsverhältnis ein Haftungsausschluss?

VERSTEHEN (beurteilen)

1.4.1 Verletzung der Haupt- und Nebenpflichten, z.B. Schadensersatzansprüche

Warum besteht bei Personenschäden im Arbeitsverhältnis ein Haftungsausschluss?

Grundsatz:

Keine Haftung des Arbeitgebers bei Personenschäden der Arbeitnehmer, die infolge von Arbeitsunfällen eingetreten sind nach *§ 104 SGB VII* (→ **Haftungsausschluss!**).

Hintergrund:

Um bei Arbeitsunfällen den Betriebsfrieden aufrecht zu erhalten, tritt an die Stelle des zivilrechtlichen Haftungssystems (einschließlich des Anspruchs auf Schmerzensgeld nach § 947 BGB) das sozialrechtliche Leistungssystem der gesetzlichen Unfallversicherung mit Ansprüchen auf Heilbehandlung, Rehabilitation, Verletzten- und Hinterbliebenenrente.

D.h., es gibt **kein Schmerzensgeld bei Arbeitsunfällen.**

Aber:

Der Versicherungsträger (in der Regel die **Berufsgenossenschaft**) kann beim Arbeitgeber **Regress** nehmen, wenn dieser **vorsätzlich oder grob fahrlässig** gehandelt hat, nach *§§ 110 ff SGB VII.*

Gleiches gilt übrigens auch für die Haftung der Arbeitnehmer untereinander, wenn ein Arbeitnehmer einen anderen Arbeitnehmer in Ausübung der Arbeit schädigt.

KARTE 1.87

? Was versteht man unter einer Abmahnung?
Welche Form hat eine Abmahnung?

ANWENDEN (beherrschen praktisch)
1.4.2 Abmahnung

Was versteht man unter einer Abmahnung?

Eine Abmahnung ist die **Missbilligung eines schwerwiegenden Fehlverhaltens** des Arbeitnehmers, verbunden mit der Androhung einer Kündigung im Wiederholungsfall.

BEACHTE

Eine Abmahnung ist ein rechtliches Instrument, welches gesetzlich nicht geregelt ist.

Welche Form hat eine Abmahnung?

Eine Abmahnung ist **nicht formgebunden**, sie kann daher auch mündlich erfolgen. Allerdings muss im späteren Gerichtsverfahren der Inhalt der Abmahnung und deren Zugang bewiesen werden, daher empfiehlt sich stets die schriftliche Abmahnung.

Eine Kopie der Abmahnung sollte immer zur Personalakte genommen werden, zum einen aus Beweisgründen und zum anderen, da die Abmahnung zu einem späteren Zeitpunkt der Vorbereitung einer Kündigung dienen kann.

Hinweis:

Die Abmahnung muss **zugehen**, d.h., dass der abgemahnte Arbeitnehmer von der Abmahnung Kenntnis erhalten muss. Es empfiehlt sich daher, sich den Erhalt der Abmahnung auf einer Kopie mit dem Vermerk „Erhalten am …" durch den Arbeitnehmer schriftlich quittieren zu lassen. Alternativ kann die Abmahnung auch im Beisein eines Zeugen übergeben werden, der dann den Erhalt quittiert.

KARTE 1.88

? Erläutern Sie vier Funktionen einer Abmahnung.

ANWENDEN (beherrschen praktisch)

1.4.2 Abmahnung

Erläutern Sie vier Funktionen einer Abmahnung.

Die Funktion einer Abmahnung ist es ...

- den Arbeitnehmer auf seine Pflichtwidrigkeiten hinzuweisen: **Hinweisfunktion, Rügefunktion**
- den Arbeitnehmer aufzufordern, sich künftig vertragskonform zu verhalten: **Aufforderungsfunktion**
- dem Arbeitnehmer vor Augen zu führen, dass sein Verhalten den Bestand des Arbeitsverhältnisses gefährdet: **Warnfunktion**
- im Wiederholungsfall dem rechtmäßig abgemahnten Arbeitnehmer fristlos (oder ordentlich) zu kündigen: **Wirksamkeitsvoraussetzung**
- dem Arbeitnehmer die sich daraus ergebenden Rechtsfolgen vor Augen zu führen: **Androhungsfunktion**
- den Beweis für begangene Vertragsverletzungen zu sichern und weitere rechtliche Konsequenzen zu ermöglichen: **Dokumentationsfunktion, Beweissicherungsfunktion**

BEACHTE

Wenn der Arbeitgeber abmahnt, zeigt er damit, dass er wegen dieses Vorfalls nicht kündigen möchte (→ **Verbrauch des Kündigungsgrundes**).

KARTE 1.89

? Erläutern Sie die drei Bestandteile einer Abmahnung.

Erläutern Sie die drei Bestandteile einer Abmahnung.

Eine Abmahnung muss folgenden drei Voraussetzungen genügen, sonst ist sie unwirksam:

1. **Hinweis auf Vertragsverletzung** (= **Rügefunktion**)
   Die konkrete Feststellung des beanstandeten Verhaltens/ der begangenen Pflichtverletzung, d.h. konkrete Sachverhaltsdarstellung mit genauer Bezeichnung des Datums, der Uhrzeit und des Ortes sowie gegebenenfalls Benennung von Zeugen.
2. **Aufforderung zu künftigem vertragskonformem Verhalten** (= **Aufforderungsfunktion**)
   Der Arbeitnehmer muss konkret aufgefordert werden, das bezeichnete Verhalten künftig zu unterlassen.
3. **Androhung von Rechtsfolgen** (= **Warnfunktion**)
   Eindeutige Ankündigung arbeitsrechtlicher Konsequenzen, wie Kündigung oder Versetzung, für den Fall, dass sich das missbilligte Verhalten nicht ändert.

KARTE 1.90

?

Zu welchem Zeitpunkt muss abgemahnt werden?

Wer darf abmahnen?

Zu welchem Zeitpunkt muss abgemahnt werden?

Es bestehen keine formellen Ausschlussfristen für eine Abmahnung, jedoch sollte der Arbeitgeber möglichst bald nach Kenntnis des Fehlverhaltens abmahnen.

Denn: Je länger der Arbeitgeber wartet, umso weniger Wirkung hat die Abmahnung.

Wer darf abmahnen?

Grundsätzlich darf der Arbeitgeber und jede weisungsberechtigte oder entsprechend bevollmächtigte Person des Betriebes abmahnen. So kann die Abmahnung durch den direkten Vorgesetzten oder durch die Personalabteilung ausgesprochen werden. In der Regel wird eine Abmahnung durch die Personalabteilung erfolgen.

KARTE 1.91

? Beschreiben Sie zwei Möglichkeiten des Arbeitnehmers, gegen eine ungerechtfertigte Abmahnung vorzugehen.

Beschreiben Sie zwei Möglichkeiten des Arbeitnehmers, gegen eine ungerechtfertigte Abmahnung vorzugehen.

Mögliches Vorgehen des Arbeitnehmers gegen eine ungerechtfertigte Abmahnung:

1. Der Arbeitnehmer hat einen Anspruch auf **Berichtigung und Entfernung unrichtiger Angaben**. Daher ist eine ungerechtfertigte Abmahnung aus der Personalakte zu nehmen.
2. Der abgemahnte Arbeitnehmer kann eine **Gegendarstellung zu der Abmahnung** abgeben. Diese muss der Personalakte beigefügt werden, ***§ 83 Abs.2 BetrVG.***
   Die Gegendarstellung muss in sachlichem Ton gehalten sein und konkret begründet werden. Bei beleidigendem Inhalt der Gegendarstellung darf der Arbeitgeber eine Aufnahme in die Personalakte verweigern.

KARTE 1.92

? Was versteht man unter einer Ermahnung?
Was versteht man unter Betriebsbußen?

Was versteht man unter einer Ermahnung?

Eine Ermahnung liegt vor, wenn der Arbeitgeber **ohne Androhung von Rechtsfolgen** für die Zukunft auf die Einhaltung vertraglicher Pflichten besteht.

- Die Ermahnung ist weniger massiv als die Abmahnung. Wer Mitarbeiter also nicht gleich abmahnen will, z.B. **bei leichten Vertragsverstößen**, allerdings das Verhalten deutlich rügen will, kann diese erst einmal ermahnen.
- Aber auch die schriftliche Ermahnung muss das dem Arbeitnehmer vorgeworfene Fehlverhalten/die Pflichtverletzung so konkret bezeichnen, dass dieser erkennen kann, was ihm im Einzelnen zur Last gelegt wird.

Was versteht man unter Betriebsbußen?

Betriebsbußen sind Maßnahmen der betrieblichen Selbstverwaltung bei leichteren Verstößen gegen die Ordnung des Betriebes. Wenn eine über den Warnzweck hinausgehende **strafende Funktion** angestrebt wird, liegt eine Betriebsbuße vor. Als Betriebsbußen kommen **Verwarnung, dienstlicher Verweis und Geldbußen** in Betracht.

Voraussetzung ist die Normierung einer **Betriebsbußordnung** in einem Tarifvertrag oder in einer Betriebsvereinbarung. Die Bußtatbestände müssen darin klar definiert sein. Eine Betriebsbuße, die ohne Betriebsbußordnung verhängt wurde, ist unwirksam. Die Geldbuße wird durch den Arbeitgeber vollstreckt und an eine wohltätige Einrichtung weitergegeben. Die Betriebsbuße unterliegt der gerichtlichen Kontrolle.

<u>Beispiele: Betriebsbußen bei</u> ...

Dienstzeitversäumnisse, Verteilung parteipolitischer Schriften während der Arbeitszeit, Rauchen am Arbeitsplatz in feuergefährdeten Betrieben, Verstöße gegen das Arbeitsschutzrecht

KARTE 1.93

? Welche Beteiligungsrechte hat der Betriebsrat bei Störungen im Arbeitsverhältnis?

Welche Beteiligungsrechte hat der Betriebsrat bei Störungen im Arbeitsverhältnis?

- **Keine** Beteiligungsrechte des Betriebsrates bestehen bei der **Abmahnung** **und** bei der **Ermahnung.** Der Betriebsrat ist auch nicht befugt, eine Abschrift der Abmahnung oder der Ermahnung zu verlangen. Erst vor Ausspruch der Kündigung muss der Arbeitgeber den Betriebsrat über erfolgte Abmahnungen und Ermahnungen unterrichten.
- Auch bei der Verfolgung von Schadensersatzansprüchen aufgrund der **Haftung des Arbeitnehmers für Schäden**, die er seinem Arbeitgeber zufügt, besteht **kein** Mitwirkungs-/oder Mitbestimmungsrecht des Betriebsrates.
- Bei **Betriebsbußen** ist eine Beteiligung des Betriebsrates nach **§ 87 Abs.1 Nr.1 BetrVG** erforderlich. Der Arbeitgeber kann gem. § 87 Abs.2 BetrVG die Einführung einer Betriebsbußordnung verlangen.

KARTE 1.94

? Nennen Sie vier Möglichkeiten, wodurch Arbeitsverhältnisse beendet werden können.

ANWENDEN (gewährleisten)

1.5 Beendigung von Arbeitsverhältnissen

Nennen Sie vier Möglichkeiten, wodurch Arbeitsverhältnisse beendet werden können.

Die häufigsten Beendigungsgründe:

- Abschluss eines Aufhebungsvertrags
- Kündigung durch Arbeitnehmer oder Arbeitgeber
- Ablauf einer Befristung (wie Zeitablauf, Zweckerreichung)
- Tod des Arbeitnehmers
- Anfechtung
- Auflösung des Arbeitsverhältnisses durch Gerichtsurteil nach §§ 9, 10, 13 KSchG

KARTE 1.95

?

Was versteht man unter einem Aufhebungsvertrag?

Welche Vorteile bietet ein Aufhebungsvertrag dem Arbeitgeber?

Was versteht man unter einem Aufhebungsvertrag?

Ein Aufhebungsvertrag ist eine **schriftliche** (!) Vereinbarung zwischen Arbeitnehmer und Arbeitgeber, den bestehenden Arbeitsvertrag in **gegenseitigem Einverständnis** zu einem vereinbarten Zeitpunkt zu beenden.

Voraussetzungen des Aufhebungsvertrages:

1. **Schriftformpflicht**, § 623 BGB
2. Arbeitgeber und Arbeitnehmer müssen auf derselben Urkunde unterschreiben

Welche Vorteile bietet ein Aufhebungsvertrag dem Arbeitgeber?

- Keine Mitbestimmung (d.h. keine Anhörung) des Betriebsrates erforderlich
- Sofortige Rechtssicherheit über die Beendigung
- Kein Kündigungsschutzprozess für den Arbeitnehmer möglich und damit kein Streit über Kündigungsgründe
- Ausscheiden ohne Einhaltung einer Kündigungsfrist möglich
- Einvernehmliches Ausscheiden möglich

KARTE 1.96

?

Beschreiben Sie fünf typische Inhalte eines Aufhebungsvertrages.

ANWENDEN (erstellen)

1.5.1 Aufhebungsverträge

Beschreiben Sie fünf typische Inhalte eines Aufhebungsvertrages.

Folgende Bestimmungen trifft der Aufhebungsvertrag in der Regel:

- **Ende des Arbeitsverhältnisses unter Angabe des Zeitpunktes** (→ Datum)
  Zwingender Bestandteil eines jeden Aufhebungsvertrages ist die Einigung zwischen Arbeitgeber und Arbeitnehmer, dass das Arbeitsverhältnis mit sofortiger Wirkung oder zu einem im Aufhebungsvertrag definierten Zeitpunkt beendet werden soll.
- **Aufklärungsklausel,**
  d.h., Arbeitgeber muss im Aufhebungsvertrag ausdrücklich auf schwerwiegende Folgen, wie drohende Sperrzeiten beim Arbeitslosengeld, hinweisen.

  Laut BAG führt ein Aufhebungsvertrag grundsätzlich zu einer 12-wöchigen Sperrzeit!
- Regelung über Fortdauer der Arbeitspflicht bzw. Freistellungsklausel
- **Abfindungsregelung**
  (wie Höhe und Fälligkeit)
- **Zeugnisklausel**
  (wie Zeugnis und Zeugnisnote)
- **Abwicklung des Arbeitsverhältnisses**
  (wie Räumung des Arbeitsplatzes; Rückgabe aller Schlüssel und Zugangsausweise; Rückgabe von Dienstwagen, dienstlichem Mobiltelefon, Laptop etc.)
- **Noch ausstehende Zahlungen**
  (wie Provisionen, Überstundenausgleich, Bonus, Reisekosten, Spesen)

KARTE 1.97

?

Was versteht man unter einem Betriebsübergang?

Was versteht man unter einem Betriebsübergang?

Ein **Betriebsübergang** liegt vor, wenn infolge eines Übergangs des Betriebes oder Betriebsteils **durch Rechtsgeschäft** (wie z.B. Kauf, Schenkung, Verpachtung des Betriebs, Pächterwechsel, Verschmelzung und Spaltung von Unternehmen) **die Person des Betriebsinhabers wechselt**, ein neuer Rechtsträger die **wirtschaftliche Einheit unter Wahrung ihrer Identität fortführt**, *§ 613a Abs.1 S.1 BGB.*

Der **Betriebserwerber** tritt nach *§ 613a Abs.2 S.1 BGB* in alle bei Betriebsübergang bestehenden Arbeitsverträge ein, d.h. die Rechte und Pflichten aus den bestehenden Arbeitsverhältnissen bleiben bestehen. Es gibt also keine neuen Wartezeiten z.B. für den Kündigungsschutz oder die Betriebszugehörigkeit.

Aber, eine wirtschaftlich erhebliche Zeitspanne zwischen Betriebsruhe und Wiederaufnahme des Betriebes (je nach Einzelfall, mindestens 4 bis 6 Monate Stilllegung) steht der Annahme eines Betriebsübergangs entgegen.

BEACHTE

Eine Kündigung wegen Betriebsübergang ist **unzulässig**, ***§ 613a Abs.4 BGB.***

?

Was versteht man unter einer Änderungskündigung?

Was versteht man unter einer Änderungskündigung?

Eine Änderungskündigung im Sinne des *§ 2 KSchG* liegt begrifflich nur dann vor, wenn der Arbeitgeber unmissverständlich zum Ausdruck bringt, dass er das Arbeitsverhältnis zu einem bestimmten Zeitpunkt beenden wird, entweder wenn der Arbeitnehmer die Fortsetzung des Arbeitsverhältnisses zu den angebotenen geänderten Bedingungen ablehnt oder wenn der Arbeitnehmer die Annahme des Änderungsangebots nicht innerhalb der Frist des § 2 S.2 KSchG erklärt.

Eine Änderungskündigung besteht somit aus folgenden **zwei Teilen**:

1. Einer Kündigung des bestehenden Arbeitsverhältnisses und
2. einem neuen Angebot für einen geänderten Arbeitsvertrag.

KARTE 1.99

? Welche Möglichkeiten hat der Arbeitnehmer, auf die Änderungskündigung zu reagieren?

Welche Möglichkeiten hat der Arbeitnehmer, auf die Änderungskündigung zu reagieren?

Der Arbeitnehmer hat folgende **drei Möglichkeiten**, auf die Änderungskündigung zu reagieren:

1. Das Änderungsangebot **annehmen** **oder**
2. das Änderungsangebot **ablehnen und** gegen die Kündigung **Kündigungsschutzklage** innerhalb von drei Wochen nach Zugang erheben **oder**
3. den geänderten Arbeitsvertrag unter dem **Vorbehalt** annehmen, dass die Änderungskündigung sozial gerechtfertigt ist (→ beste Möglichkeit).

   Aber,
   die **Kündigungsschutzklage** muss nun innerhalb drei Wochen ab Zugang der Änderungskündigung eingereicht werden, sonst erlischt der Vorbehalt und der geänderte Arbeitsvertrag hat Gültigkeit, ***§ 2 KSchG.***

Hinweis:

Dem Interesse des Arbeitnehmers entspricht es in der Regel am ehesten, wenn er das Angebot des Arbeitgebers unter der Bedingung annimmt, dass er die Kündigungsschutzklage verliert (= 3. Möglichkeit).

KARTE 1.100

? Was versteht man unter einer Kündigung?
Welche Form hat eine Kündigung?

Was versteht man unter einer Kündigung?

Eine Kündigung ist eine **einseitige empfangsbedürftige Willenserklärung**, mit der der Wille eines Vertragspartners zur Beendigung des Arbeitsverhältnisses zum Ausdruck gebracht wird.

Hinweis:

Empfangsbedürftige Willenserklärung bedeutet, dass der Kündigungsempfänger von der Kündigung **Kenntnis erlangen** muss (d.h. Zugang des Kündigungsschreibens). Aber akzeptieren muss er die Kündigung nicht.

Welche Form hat eine Kündigung?

Eine Kündigung muss nach ***§ 623 BGB*** **schriftlich** erfolgen. Für die Einhaltung der Schriftform ist es erforderlich, dass der Kündigende die Kündigung eigenhändig unterzeichnet.

BEACHTE

- Die Schriftform ist **nicht** eingehalten bei elektronischer Form, wie Telefax, SMS und E-Mail gem. ***§ 623 BGB.***
- Die Wirksamkeit der Kündigung darf **nicht** vom Eintritt einer Bedingung abhängig gemacht werden.

?

Was bedeutet „Zugang" einer Kündigung?
Beschreiben Sie zwei Möglichkeiten, wie der Zugang einer Kündigung erfolgen kann.

Was bedeutet „Zugang" einer Kündigung?

Der Zugang einer Kündigung erfolgt dadurch, dass die Erklärung „**in den Machtbereich des Empfängers**" gelangt und dieser die Möglichkeit der Kenntnisnahme hat.

Beschreiben Sie zwei Möglichkeiten, wie der Zugang einer Kündigung erfolgen kann.

1. **Durch persönliche Übergabe**

   Der zu Kündigende nimmt im Betrieb das Kündigungsschreiben entgegen.

   Aus Beweisgründen ist die Entgegennahme (= Zugang) vom zu Kündigenden gegenzeichnen zu lassen. Je eine Ausfertigung für den Gekündigten und für den Betrieb (für die Personalakte).

2. **Durch Einwurf in den Briefkasten am Wohnort des zu Kündigenden**

   → durch den Briefträger aufgrund eines Einwurfeinschreibens **oder**

   → durch einen Boten des Arbeitgebers

   Mit Einwurf in den Briefkasten zu den üblichen Postzustellzeiten ist das Schreiben zugegangen.

   Für den Zugang der schriftlichen Kündigungserklärung reicht es aus, dass diese in den Briefkasten des zu Kündigenden eingeworfen wird, denn der Briefkasten gehört zum Machtbereich des Empfängers und wird daher dem Empfänger zugerechnet.

   Beachte:

   Der Zugang findet selbst dann statt, wenn der Kündigende weiß, dass sich der Kündigungsempfänger im Urlaub befindet.

KARTE 1.102

?

Frau Müller fährt vom 01.01.2024 bis 28.01.2024 in ihren genehmigten Urlaub. Am 02.01.2024 wirft ein Bote des Arbeitgebers Frau Müller das Kündigungsschreiben in den Briefkasten. Kann Frau Müller nach Urlaubsrückkehr noch gegen ihre Kündigung vorgehen? Was raten Sie ihr?

Kann Frau Müller nach Urlaubsrückkehr noch gegen ihre Kündigung vorgehen? Was raten Sie ihr?

Gemäß *§ 4 KSchG* hat Frau Müller ab Zugang des Kündigungsschreibens 3 Wochen (= 21 Kalendertage) Zeit, Kündigungsschutzklage beim Arbeitsgericht einzulegen.

Das Kündigungsschreiben ist **mit Einwurf in den Briefkasten** durch den Boten am 02.01.2024 **zugegangen!** Die 3 Wochen Frist für die Kündigungsschutzklage ist daher nach Urlaubsrückkehr am 28.01.2024 abgelaufen, sodass nach *§ 7 KSchG* die Kündigung von Anfang an rechtswirksam ist.

Allerdings sieht *§ 5 KSchG* vor, dass die Klage dann **nachträglich zuzulassen** ist, wenn der Arbeitnehmer trotz Anwendung aller ihm nach Lage der Umstände zuzumutenden Sorgfalt verhindert war, die Klage innerhalb 3 Wochen nach Zugang der schriftlichen Kündigung zu erheben.

Frau Müller hatte keinerlei Anhaltspunkte für ihre Kündigung, sodass nach § 5 KSchG ihre Klage nachträglich zuzulassen ist.

Frau Müller ist daher zu raten, die Kündigungsschutzklage zusammen mit dem **Antrag auf nachträgliche Zulassung** innerhalb 2 Wochen nach Behebung des Hindernisses (also nach Urlaubsrückkehr am 28.01.2024) zu erheben, ***§ 5 Abs.3 und Abs.4 KSchG.***

KARTE 1.103

?

Nennen Sie drei Möglichkeiten, woraus sich Kündigungsfristen im Arbeitsrecht ergeben können.

ANWENDEN (durchführen)

1.5.2 Kündigung von Arbeitsverhältnissen

!

Nennen Sie drei Möglichkeiten, woraus sich Kündigungsfristen im Arbeitsrecht ergeben können.

Kündigungsfristen im Arbeitsrecht können sich ergeben aus

1. dem **Arbeitsvertrag** **oder**
2. einem auf das Arbeitsverhältnis anwendbaren **Tarifvertrag** **oder**
3. den **gesetzlichen Regelungen des § 622 BGB.**

?

Nennen Sie die Grundkündigungsfrist des BGB.

Welche Möglichkeiten gibt es, Kündigungsfristen zu verkürzen?

Nennen Sie die Grundkündigungsfrist des BGB.

Grundkündigungsfrist laut *§ 622 Abs.1 BGB*:

4 Wochen zum 15. eines Monats oder zum Monatsende.

Hinweis:

§ 622 Abs.1 BGB spricht von 4 Wochen, das sind **exakt 28 Tage** und kein Monat!

Welche Möglichkeiten gibt es, Kündigungsfristen zu verkürzen?

Verkürzte Kündigungsfristen sind in folgenden Fällen möglich:

1. Während einer **vereinbarten Probezeit**, längstens für die Dauer von 6 Monaten, kann das Arbeitsverhältnis mit einer Frist von 2 Wochen gekündigt werden, gem. *§ 622 Abs.3 BGB.*
   Wichtig:
   - Die bis zu 6-monatige Probezeit muss ausdrücklich im Arbeitsvertrag vereinbart worden sein.
   - Wenn die Probezeit nicht schriftlich vereinbart wurde, gilt die gesetzliche Grundkündigungsfrist nach § 622 Abs.1 BGB.
2. Durch **Tarifvertrag** können abweichende (= kürzere oder längere) Kündigungsfristen vereinbart werden, gem. *§ 622 Abs.4 BGB.*
3. Durch Arbeitsvertrag kann bei **Aushilfstätigkeiten bis zu 3 Monaten** eine kürzere Kündigungsfrist vereinbart werden, *§ 622 Abs.5 BGB.*

KARTE 1.105

?

Erläutern Sie, wie der Betriebsrat bei einer Kündigung beteiligt werden muss.

Erläutern Sie, wie der Betriebsrat bei einer Kündigung beteiligt werden muss.

!

Nach **§ 102 Abs.1 S.1 BetrVG** muss der Betriebsrat vor jeder Kündigung **gehört** werden.
Wichtig: Eine ohne Anhörung des Betriebsrats ausgesprochene Kündigung ist unwirksam.

„Anhörung des Betriebsrates nach § 102 BetrVG“ bedeutet,

- dass der Arbeitgeber verpflichtet ist, dem **Betriebsrat die genauen Kündigungsgründe** (vollständig) **darzulegen**, die nach seiner Sicht die Kündigung rechtfertigen und für den gefassten Kündigungsentschluss maßgebend sind.

  Nach der Rechtsprechung des BAG muss der Arbeitgeber dem Betriebsrat Folgendes mitteilen:

  → Die Person des Arbeitnehmers, dem gekündigt werden soll, nebst Alter, Zahl der Kinder, Dauer der Betriebszugehörigkeit und besondere soziale Umstände (wie Schwerbehinderteneigenschaft)

  → Die Art der Kündigung (d.h. ordentliche oder außerordentliche Kündigung)

  → Eventuell ein bestehender besonderer Kündigungsschutz

  → Kündigungsfristen und Kündigungstermin

  → Die Gründe der Kündigung einschließlich vorangegangener Abmahnungen bei einer verhaltensbedingten Kündigung sowie die den Arbeitnehmer entlastenden Umstände

  → Kriterien für die soziale Auswahl nach § 1 Abs.3 KSchG im Falle einer betriebsbedingten Kündigung

  Aber, der Arbeitgeber darf dem Betriebsrat - aus Gründen des Datenschutzes - keine Einsichtnahme in die Personalakte gewähren.

- dass der **Betriebsrat als Gremium, mit ordnungsgemäßer Widerspruchsfrist, angehört wird.**
  Der Arbeitgeber muss abwarten, bis der Betriebsrat sich geäußert hat oder die entsprechende Äußerungsfrist abgelaufen ist. Erst danach darf er den Arbeitnehmer kündigen.

KARTE 1.106

?

Beschreiben Sie die drei Reaktionsmöglichkeiten des Betriebsrats bei seiner Anhörung.

Kann der Arbeitgeber eine Kündigung aussprechen, wenn der Betriebsrat der Kündigung widersprochen hat?

Beschreiben Sie die drei Reaktionsmöglichkeiten des Betriebsrats bei seiner Anhörung.

Der Betriebsrat hat folgende drei Reaktionsmöglichkeiten:

1. Betriebsrat **äußert sich nicht** → Fristablauf gilt als Zustimmung
2. Betriebsrat **stimmt zu**
3. Betriebsrat **widerspricht/ äußert Bedenken**

Kann der Arbeitgeber eine Kündigung aussprechen, wenn der Betriebsrat der Kündigung widersprochen hat?

Ja, er kann, denn **notwendig ist nur die Anhörung**, die Zustimmung des Betriebsrats ist nicht notwendig. Daher führt der Widerspruch des Betriebsrats auch nicht zur Unwirksamkeit der Kündigung.

BEACHTE

- Der Arbeitgeber kann trotz Widerspruch des Betriebsrats die Kündigung aussprechen.
- Der Widerspruch kann aber nach ***§ 102 Abs.5 BetrVG*** einen **Weiterbeschäftigungsanspruch** bis zum Ende des Kündigungsschutzverfahrens auslösen, wenn der Arbeitnehmer eine Kündigungsschutzklage erhoben hat und eine Weiterbeschäftigung verlangt.

KARTE 1.107

? Erläutern Sie den gesetzlichen (= allgemeinen) Kündigungsschutz nach dem KSchG.

Erläutern Sie den gesetzlichen (= allgemeinen) Kündigungsschutz nach dem KSchG.

!

Der gesetzliche/allgemeine Kündigungsschutz bedeutet, dass nur gekündigt werden darf, wenn ein **rechtlich anerkannter Kündigungsgrund** vorliegt.

Voraussetzungen für die Anwendung des gesetzlichen Kündigungsschutzes nach dem KSchG:

1. **KSchG anwendbar** nach § 1 Abs.1 KSchG und § 23 Abs.1 S.2 KSchG?

   KSchG gilt nur für **Arbeitnehmer,**
   nicht für Organe juristischer Personen, z.B. Geschäftsführer (§ 14 Abs.1 KSchG) **und**
   nicht für leitende Angestellte (§ 14 Abs.2 KSchG)

2. **Mehr als 10 Arbeitnehmer im Betrieb** (§ 23 Abs.1 KSchG)

   Beachte: Auszubildende und Praktikanten sind keine Arbeitnehmer im Sinne des § 23 KSchG

3. **Bestand des Arbeitsverhältnisses > 6 Monate** (§ 1 Abs.1 KSchG)

   D.h., der Arbeitnehmer hat in den ersten 6 Monaten eines Arbeitsverhältnisses keinen Kündigungsschutz!
   Der Arbeitgeber braucht folglich in dieser Zeit keinen Kündigungsgrund!

KARTE 1.108

?

Was bedeutet „besonderer Kündigungsschutz" und beschreiben Sie vier Fälle, in denen ein besonderer Kündigungsschutz besteht.

Was bedeutet „besonderer Kündigungsschutz“ und beschreiben Sie vier Fälle, in denen ein besonderer Kündigungsschutz besteht.

Während des besonderen Kündigungsschutzes ist **jede ordentliche Kündigung grundsätzlich unwirksam**. Eine außerordentliche Kündigung ist jedoch möglich, wenn der Arbeitgeber einen wichtigen Grund zur fristlosen Kündigung des Arbeitsverhältnisses hat.

§ 17 MuSchG	Die Kündigung gegenüber einer **Frau während der Schwangerschaft** und bis zum Ablauf von vier Monaten nach der Entbindung ist unzulässig.
§ 15 KSchG	Die Kündigung eines **Mitglieds eines Betriebsrats sowie einer Jugend- und Auszubildendenvertretung** ist unzulässig.
§ 168 SGB IX	Der Kündigung des Arbeitsverhältnisses eines **schwerbehinderten Menschen** durch den Arbeitgeber bedarf der vorherigen Zustimmung des Integrationsamtes.
§ 2 Abs.1 ArbPlSchG	ArbPlSchG = Gesetz über den Schutz des Arbeitsplatzes bei Einberufung zum Wehrdienst Mit dem 1. Juli 2011 hat Deutschland die Wehrpflicht ausgesetzt und stattdessen einen **freiwilligen Wehrdienst** eingeführt, welcher im Wehrpflichtgesetz WPflG geregelt ist. Nach § 16 Abs.7 ArbPlSchG gelten die Regelungen des ArbPlSchG auch für die freiwillig Wehrdienst Leistenden. Von der Zustellung des Einberufungsbescheides bis zur Beendigung des Grundwehrdienstes sowie während einer Wehrübung darf der Arbeitgeber das Arbeitsverhältnis nicht kündigen, § 2 ArbPlSchG. Dies gilt auch im Falle des Wehrdienstes als Soldat auf Zeit für die endgültig auf insgesamt maximal 2 Jahre festgesetzte Dienstzeit, § 16a Abs.1 Nr.2 ArbPlSchG.
§ 18 BEEG	Der Arbeitgeber darf das Arbeitsverhältnis ab dem Zeitpunkt, von dem an **Elternzeit** verlangt worden ist, höchstens jedoch acht Wochen vor Beginn der Elternzeit und während der Elternzeit nicht kündigen. In besonderen Fällen kann ausnahmsweise eine Kündigung für zulässig erklärt werden.

KARTE 1.109

? Erläutern Sie, welche Kündigungsgründe unterschieden werden und nennen Sie je drei Beispiele.

!

Erläutern Sie, welche Kündigungsgründe unterschieden werden und nennen Sie je drei Beispiele.

Personenbedingte Gründe	Verhaltensbedingte Gründe	Betriebsbedingte Gründe
= Gründe in der Person des Arbeitnehmers	= Gründe im Verhalten des Arbeitnehmers	= Gründe im betrieblichen Bereich
Beruhen auf **persönlichen Eigenschaften und Fähigkeiten des Arbeitnehmers**, wie mangelnde persönliche, fachliche oder körperliche Eignung zur Zeit der Kündigung	Beruhen auf **arbeitsvertraglichen Pflichtverletzungen**	**Wegfall des Arbeitsplatzes** infolge außer- oder innerbetrieblicher Ursachen
Beispiele: Alkoholkrankheit, Pilot verliert Fluglizenz, LKW-Fahrer verliert Führerschein, fehlende Arbeitserlaubnis etc.	Beispiele: Blauer Montag/Freitag, Alkoholmissbrauch, Arbeitsverweigerung, Selbstbeurlaubung, Verspätung, sexuelle Belästigung, Verstöße gegen die Treuepflicht, Störung des Betriebsfriedens etc.	Beispiele: Auftragsrückgang, Absatzschwierigkeiten, andauernder Rohstoffmangel, Stilllegung eines betrieblichen Bereichs, Einführung von Maschinen, Einführung von Rationalisierungsmaßnahmen etc.
Beachte: Sonderfall der personenbedingten Gründen ist die **krankheitsbedingte Kündigung**	**Beachte:** Evtl. ist eine **Abmahnung** bei geringer Pflichtverletzung ausreichend	**Beachte:** **Sozialauswahl** nach **§ 1 Abs.3 KSchG** ist zu beachten

KARTE 1.110

? Erläutern Sie die Voraussetzungen einer krankheitsbedingten ordentlichen Kündigung.

Erläutern Sie die Voraussetzungen einer krankheitsbedingten ordentlichen Kündigung.

!

Prüfungsschema bei krankheitsbedingter ordentlicher Kündigung (→ 3-Stufen-Theorie des BAG):

1. **Negative Gesundheitsprognose zum Zeitpunkt der Kündigungserklärung** hinsichtlich des voraussichtlichen Gesundheitszustandes des Arbeitnehmers. „Wird der Arbeitnehmer mit hoher Wahrscheinlichkeit weiterhin überdurchschnittliche Fehlzeiten haben?"

   Beachte:

   Bei positiver Gesundheitsprognose ist keine Kündigung möglich.

2. **Erhebliche konkrete Beeinträchtigungen der betrieblichen oder vertraglichen Belange** aufgrund der krankheitsbedingten Fehlzeiten.

   Beachte:

   Fehlzeiten durch Arbeitsunfall zählen nicht.

3. **Interessenabwägung**, ob die erheblichen betrieblichen Beeinträchtigungen zu einer billigerweise nicht mehr hinzunehmenden Belastung des Arbeitgebers führen (→ **Verhältnismäßigkeitsgrundsatz**).

   → Keine vorrangigen milderen Mittel
   z.B. Umsetzung auf einen anderen Arbeitsplatz (Umsetzung geht Kündigung vor)

   → Alter, Betriebszugehörigkeit, bisheriger Verlauf des Arbeitsverhältnisses etc. müssen berücksichtigt werden

   → Wichtig:

   Verpflichtung des Arbeitgebers zum betrieblichen Eingliederungsmanagement (BEM) nach § 167 Abs.2 SGB IX

KARTE 1.111

? Erläutern Sie das betriebliche Eingliederungsmanagement BEM.

ANWENDEN (durchführen)

1.5.2 Kündigung von Arbeitsverhältnissen

Erläutern Sie das betriebliche Eingliederungsmanagement BEM.

Gemäß ***§ 167 Abs.2 SGB IX* verpflichtet** das betriebliche Eingliederungsmanagement BEM den Arbeitgeber seit dem 01.05.2004, **Präventionsmöglichkeiten mit Arbeitnehmern zu klären**,

- die länger als sechs Wochen **oder**
- wiederholt innerhalb eines Jahres arbeitsunfähig erkrankt sind.

Sinn und Zweck des betrieblichen Eingliederungsmanagements:

Klärung, wie die Arbeitsunfähigkeit überwunden und mit welchen Hilfen und Leistungen einer erneuten Arbeitsunfähigkeit vorgebeugt werden kann, wie der Arbeitsplatz erhalten, die Fähigkeiten des Arbeitnehmers weiter genutzt und eine erhöhte Einsatzfähigkeit und Produktivität sichergestellt werden kann.

Eine personenbedingte Kündigung ist nur wirksam, wenn der Arbeitgeber darlegen kann, dass eine Besserung der krankheitsbedingten Fehlzeiten oder Minderleistungen durch das betriebliche Eingliederungsmanagement nicht erreichbar war.

Hinweise:

- Diese Regelung des BEM **gilt für alle Arbeitnehmer** und ist unabhängig von der Betriebsgröße.
- Das betriebliche Eingliederungsmanagement unterliegt der **Mitbestimmung des Betriebsrates** gem. § 87 Abs.1 Nr.7 BetrVG und kann daher nur mit Zustimmung des Betriebsrates eingeführt werden.

KARTE 1.112

? Erläutern Sie die Voraussetzungen einer verhaltensbedingten ordentlichen Kündigung.

Erläutern Sie die Voraussetzungen einer verhaltensbedingten ordentlichen Kündigung.

!

Prüfungsschema bei verhaltensbedingter ordentlicher Kündigung:

1. **Verletzung der vertraglichen Haupt– oder Nebenpflichten**
2. **Negativprognose**

   Beachte:

   In der Regel ist eine Abmahnung erforderlich.
   Die Abmahnung ist aber entbehrlich, wenn der Arbeitnehmer nicht willens oder in der Lage ist, sich vertragsgetreu zu verhalten oder bei Schwere des Kündigungsgrundes.
3. **Ultima-Ratio-Grundsatz**
   D.h., **Kündigung muss letztes Mittel** (= Ultima Ratio) sein. Es muss hier geprüft werden, ob mildere Mittel möglich sind. Diese haben Vorrang vor der Kündigung.
4. **Interessenabwägung**
   zwischen dem Interesse des Arbeitnehmers am Bestandsschutz seines Arbeitsverhältnisses und dem Interesse des Arbeitgebers an seiner Beendigung. Umstände des Einzelfalls sind hier insbesondere zu beachten.

KARTE 1.113

? Erläutern Sie die Voraussetzungen einer betriebsbedingten ordentlichen Kündigung.

Erläutern Sie die Voraussetzungen einer betriebsbedingten ordentlichen Kündigung.

Prüfungsschema bei betriebsbedingter ordentlicher Kündigung:

1. **Dringende betriebliche Erfordernisse** stehen der Weiterbeschäftigung entgegen.

   Ausgangspunkt ist in der Regel eine unternehmerische Entscheidung, insbesondere Auftragsmangel, Umsatzrückgang, Rationalisierung, Stilllegung.

2. **Keine milderen Mittel** wie Abbau von Überstunden, Kurzarbeit o.ä.

   Wichtig: Gerade dieser Arbeitsplatz muss wegfallen („Stuhl bleibt leer")!

3. **Sozialauswahl, *§ 1 Abs.3 KSchG***

   D.h. Auswahl der zu kündigenden Arbeitnehmern nach sozialen Gesichtspunkten. Es soll dem gekündigt werden, den es sozial am wenigsten trifft.

   Ausschließlich folgende Gesichtspunkte sind nach § 1 Abs.3 KSchG zum Zeitpunkt der Kündigung zu beachten:

   → Dauer der Betriebszugehörigkeit

   → Lebensalter

   → Unterhaltspflichten
   gegenüber Kindern und Ehepartnern, ggf. gegenüber Eltern, Großeltern oder Enkeln

   → Schwerbehinderung des Arbeitnehmers

KARTE 1.114

? Erläutern Sie die drei Stufen der Sozialauswahl bei einer betriebsbedingten ordentlichen Kündigung.

Erläutern Sie die drei Stufen der Sozialauswahl bei einer betriebsbedingten ordentlichen Kündigung.

Folgende drei Stufen der Sozialauswahl sind zu beachten:

1. **Ermittlung der in die Sozialauswahl einzubeziehenden Arbeitnehmer:**
   Der in die Sozialauswahl einzubeziehende Personenkreis umfasst alle Arbeitnehmer, die austauschbar sind. Austauschbar sind Arbeitnehmer, denen im Wege des Direktionsrechts andere gleichwertige Arbeiten zugewiesen werden können.

   Wichtig: Personen mit besonderem Kündigungsschutz können nicht betriebsbedingt ordentlich gekündigt werden, **aber** es bestehen Ausnahmen in besonderen Fällen.

2. **Aussonderung** derjenigen, deren Verbleiben aus betriebstechnischen oder anderen berechtigten betrieblichen Bedürfnissen dringend notwendig ist, nach *§ 1 Abs.3 S.2 KSchG.*

   Bsp.: Aussonderung wegen Kenntnissen, Fähigkeiten, Leistungen dieser Arbeitnehmer oder wegen Herstellung einer ausgewogenen Personalstruktur

3. **Ermittlung und Gewichtung der relevanten Sozialdaten** der festgestellten Arbeitnehmer nach den eigentlichen **Sozialauswahlkriterien** (d.h. Dauer der Betriebszugehörigkeit, Lebensalter, Unterhaltspflichten, Schwerbehinderung).

   Hinweise:

   - Die Gewichtung der sozialen Gesichtspunkte untereinander kann durch Tarifvertrag sowie durch Betriebsvereinbarung festgelegt werden.
   - Der Betriebsrat hat bei betriebsbedingten Kündigungen und bei der Sozialauswahl eine wichtige Mitbestimmungsrolle.

KARTE 1.115

?

Muss dem Arbeitnehmer bei einer betriebsbedingten ordentlichen Kündigung eine Abfindung gezahlt werden?

Muss dem Arbeitnehmer bei einer betriebsbedingten ordentlichen Kündigung eine Abfindung gezahlt werden?

Nein, aber der Arbeitgeber kann bei einer betriebsbedingten ordentlichen Kündigung eine **Abfindung freiwillig anbieten**, nach ***§ 1a KSchG.***

Voraussetzungen des Abfindungsanspruchs nach § 1a KSchG:

1. Die Kündigung muss als ordentliche betriebsbedingte Kündigung bezeichnet sein, denn § 1a KSchG ist nur anwendbar auf ordentliche betriebsbedingte Kündigungen.
2. Der Arbeitgeber muss in der Kündigung den Hinweis erteilen, dass die Kündigung auf dringende betriebliche Erfordernisse gestützt wird und der Arbeitnehmer bei Ablauf der 3-Wochen-Frist die Abfindung beanspruchen kann.

Weist der Arbeitgeber also auf die gesetzliche Abfindungsregelung nach § 1a KSchG hin **und** verzichtet der Arbeitnehmer aus diesem Grund darauf, innerhalb von drei Wochen nach Zugang der Kündigung, Klage zu erheben, erhält er eine Abfindung i.d.R. von einem halben Monatsgehalt je Jahr der Betriebszugehörigkeit nach § 1a Abs.2 S.1 KSchG.

BEACHTE

Erhebt der Arbeitnehmer innerhalb der 3-Wochen-Frist nach Zugang der Kündigung **Klage auf Feststellung**, dass das Arbeitsverhältnis durch die Kündigung nicht aufgelöst wurde, verwirkt er den Anspruch auf Abfindung, d.h., der Anspruch erlischt.

KARTE 1.116

?

Was versteht man unter einer außerordentlichen Kündigung?

Was ist bei einer außerordentlichen Kündigung zu beachten?

Was versteht man unter einer außerordentlichen Kündigung?

Eine außerordentliche Kündigung ist eine Kündigung, die das Arbeitsverhältnis vorzeitig und ohne Beachtung der sonst geltenden Kündigungsfristen (= **fristlos**) beendet, ***§ 626 BGB.***

Was ist bei einer außerordentlichen Kündigung zu beachten?

1. **Schriftformpflicht, *§ 623 BGB***
2. Ordnungsgemäße **vorherige Anhörung des Betriebsrates**, ***§ 102 BetrVG***

   Wichtig: Bei unterbliebener Anhörung ist die Kündigung unwirksam, § 102 Abs.1 S.3 BetrVG
3. Bei Vorliegen eines besonderen Kündigungsschutzes ist die jeweilige Zustimmung der zuständigen Stelle - vor Kündigungserklärung - einzuholen
4. Sachverhalt muss **wichtigen Grund** gemäß ***§ 626 Abs.1 BGB*** darstellen, sodass die Fortsetzung des Arbeitsverhältnisses unzumutbar ist
5. **Kündigungserklärungsfrist** des ***§ 626 Abs.2 BGB*** muss eingehalten sein,
   d.h., es besteht eine Ausschlussfrist von **2 Wochen ab Kenntnis** des Kündigungsberechtigten von den für die Kündigung maßgebenden Tatsachen

BEACHTE

Wird die Rechtsunwirksamkeit einer Kündigung nicht innerhalb der Dreiwochenfrist des § 4 KSchG rechtzeitig geltend gemacht, so gilt die Kündigung als von Anfang an rechtswirksam, ***§ 7 KSchG.***

KARTE 1.117

?

Was versteht man unter einer Verdachtskündigung?

Welche Voraussetzungen müssen bei einer außerordentlichen Kündigung wegen eines Verdachtes vorliegen?

Was versteht man unter einer Verdachtskündigung?

Eine Verdachtskündigung ist eine Kündigung, die der Arbeitgeber damit begründet, dass der Arbeitnehmer unter dem dringenden Verdacht stehe, eine schwerwiegende Pflichtwidrigkeit begangen zu haben und dass gerade der Verdacht eines nicht erwiesenen Verhaltens das für die Fortsetzung des Arbeitsverhältnisses erforderliche Vertrauen zerstört habe.

Welche Voraussetzungen müssen bei einer außerordentlichen Kündigung wegen eines Verdachtes vorliegen?

Voraussetzungen einer fristlosen Kündigung wegen eines Verdachtes nach § 626 Abs.1 BGB

1. **Starke, schwerwiegende Verdachtsmomente**, die sich auf **objektive Tatsachen** gründen **und**
2. Verdachtsmomente, die geeignet sind, das für die Fortsetzung des Arbeitsverhältnisses erforderliche **Vertrauen zu zerstören** **und**
3. der Arbeitgeber muss alle zumutbaren Anstrengungen zur **Aufklärung des Sachverhaltes** und um den **Verdacht auszuräumen**, unternommen haben, insbesondere
   - → dem Arbeitnehmer Gelegenheit zur Stellungnahme gegeben und
   - → den Betriebsrat zur beabsichtigten Kündigung angehört haben.

Hinweis:

Die außerordentliche Kündigung muss innerhalb von zwei Wochen ausgesprochen werden, nachdem die **objektiven** (nicht subjektiven!) **Verdachtsmomente** vom AG zur Kenntnis genommen wurden, ***§ 626 Abs.2 BGB***.

?

Was kann der Arbeitnehmer gegen eine Kündigung durch den Arbeitgeber unternehmen?

Was kann der Arbeitnehmer gegen eine Kündigung durch den Arbeitgeber unternehmen?

Will sich ein Arbeitnehmer gegen eine Kündigung gerichtlich zur Wehr setzen, muss er die **Kündigungsschutzklage** (= Feststellung der Unwirksamkeit der Kündigung) binnen einer Frist von **drei Wochen nach Zugang** der schriftlichen Kündigung beim zuständigen Arbeitsgericht erheben, ***§ 4 KSchG*** **(→ Drei-Wochen-Frist).**

BEACHTE

Wenn die Kündigungsschutzklage nicht innerhalb von drei Wochen nach Zugang der Kündigung beim Arbeitsgericht eingeht, dann gilt die Kündigung als von Anfang an rechtswirksam, ***§ 7 KSchG.***

KARTE 1.119

? Welches Gericht ist bei einer Kündigungsschutzklage sachlich und örtlich zuständig?

Welches Gericht ist bei einer Kündigungsschutzklage sachlich und örtlich zuständig?

- **Sachlich zuständig** für die Kündigungsschutzklage sind die **Arbeitsgerichte** gem. *§ 2 Abs.1 Nr.3b ArbGG.*

- **Örtlich zuständig** ist das Gericht, in dessen Bezirk der Arbeitnehmer seine Leistung erbringt, *§ 29 ZPO* (= **Sitz der Arbeitsstätte**).

?

Hat ein Arbeitnehmer ein Recht auf ein Arbeitszeugnis bei Beendigung seines Arbeitsverhältnisses?

Welche zwei Arten des betrieblichen Arbeitszeugnisses gibt es?

Hat ein Arbeitnehmer ein Recht auf ein Arbeitszeugnis bei Beendigung seines Arbeitsverhältnisses?

Ja, der Arbeitgeber hat gemäß ***§ 109 GewO und § 630 BGB*** dem Arbeitnehmer bei tatsächlicher Beendigung des Arbeitsverhältnisses ein schriftliches Arbeitszeugnis auszustellen (→ **einklagbares Recht!**).

Welche zwei Arten des betrieblichen Arbeitszeugnisses gibt es?

Einfaches Arbeitszeugnis, § 109 Abs.1 S.2 GewO	**Qualifiziertes Arbeitszeugnis,** § 109 Abs.1 S.3 GewO
■ Daten des Arbeitnehmers (Vor– und Zuname, Geburtsdatum, Geburtsort) ■ Art und Dauer der Tätigkeit (genaue und vollständige Tätigkeitsbeschreibung) ■ Erworbene berufliche Kenntnisse, Fertigkeiten und Fähigkeiten des Arbeitnehmers ■ Schlussformel (→ kein Rechtsanspruch!) ■ Ausstellungsdatum ■ Unterschrift	**Zusätzlich** enthält ein qualifiziertes Arbeitszeugnis Angaben über ■ Verhalten/Führung ■ Leistung ■ Besondere fachliche Fähigkeiten und Kenntnisse **Beachte:** Das qualifizierte Zeugnis wird nur **auf Verlangen** des Arbeitnehmers ausgestellt

KARTE 1.121

? Kann ein Arbeitnehmer jederzeit ein Zwischenzeugnis verlangen?

Kann ein Arbeitnehmer jederzeit ein Zwischenzeugnis verlangen?

Nein, ein Arbeitnehmer kann während des Bestehens eines Arbeitsverhältnisses nur dann ein Zwischenzeugnis verlangen, wenn er ein **berechtigtes Interesse** hat **oder** wenn der **Tarifvertrag** dies ermöglicht.

Triftige Gründe, nach denen ein Mitarbeiter ein Zwischenzeugnis verlangen kann, sind laut BAG:

- Aufgabenwechsel
- Beförderung
- Wechsel des Vorgesetzten
- Abteilungswechsel
- Bewerbung des Arbeitnehmers um eine neue Stelle
- Erziehungsurlaub
- Einberufung zum freiwilligen Wehrdienst oder Bundesfreiwilligendienst
- Freistellung als Betriebsratsmitglied
- Längere Abordnung in ein Projekt
- Zur Vorlage bei Behörden und/oder Gerichten
- Betriebsübergang nach § 613a BGB

KARTE 1.122

?

Erläutern Sie drei Grundsätze, die beim Arbeitszeugnis zu beachten sind.

Erläutern Sie drei Grundsätze, die beim Arbeitszeugnis zu beachten sind.

1. Das Arbeitszeugnis muss **wahr** sein.
   Die Angaben müssen objektiv den Tatsachen entsprechen, es darf also keine falschen Angaben enthalten. Hinweis: Das Verschweigen wichtiger Tatsachen kann zu Schadensersatzansprüchen führen.
2. Das Arbeitszeugnis muss **wohlwollend** formuliert sein.
   Der Maßstab der wohlwollenden Beurteilung findet seine Grenzen an der Wahrheitspflicht. Das Zeugnis muss wahr, aber auch wohlwollend sein. Beim „Zeugnis-Code" handelt es sich um Formulierungen, die sich an Schulnoten orientieren, aber sehr viel positiver klingen.
3. Das Arbeitszeugnis muss **klar** abgefasst sein.
   Es muss inhaltlich klar und eindeutig formuliert sein. Es darf keine Merkmale oder Formulierungen enthalten, die den Zweck haben, eine andere als aus der äußeren Form oder aus dem Wortlaut ersichtliche Aussage über den Arbeitnehmer zu treffen. Der Zeugniscode ist klar und eindeutig.
4. Das Arbeitszeugnis muss **vollständig** sein.
   Das Arbeitszeugnis muss auf alle Fragen eingehen, die für die Gesamtbeurteilung wichtig sind, um die notwendigen Schlüsse daraus ziehen zu können. Das Gebot der Vollständigkeit eines Zeugnisses bewirkt, dass offensichtliches Fehlen von Aussagen und Leistungen oder Verhalten des Arbeitnehmers als qualifiziertes Schweigen verstanden wird.

KARTE 1.123

? Was bedeutet es, dass ein Arbeitszeugnis in verkehrsüblicher Form herzustellen ist?

Was bedeutet es, dass ein Arbeitszeugnis in verkehrsüblicher Form herzustellen ist?

!

Das Zeugnis ist in verkehrsüblicher Form herzustellen, d.h.,

- es muss maschinenschriftlich auf gültigem Briefpapier der Firma geschrieben sein,
- es muss vom Arbeitgeber selbst oder von einem für ihn handelnden Vertreter unterschrieben sein,
- es darf keine Schreibfehler, Verbesserungen, Markierungen, Radierungen, Hervorhebungen, Unterstreichungen, Ausrufungszeichen, Fragen oder Anführungszeichen enthalten,
- es darf keine Knicke oder Flecken aufweisen,
- es muss in sich schlüssig sein, es darf durch die Ausdrucksweise nicht zu Irrtümern oder Mehrdeutigkeiten führen und
- es muss inhaltlich der Wahrheit entsprechen und wohlwollend formuliert sein.

KARTE 1.124

? Was darf der Arbeitgeber nicht ins Arbeitszeugnis schreiben?

ANWENDEN (beachten)

1.5.3 Nachvertragliche Rechte und Pflichten

Was darf der Arbeitgeber nicht ins Arbeitszeugnis schreiben?

Gemäß der Rechtsprechung darf im Arbeitszeugnis Folgendes **nicht** stehen:

- Mitgliedschaft in einer Partei
- Mitgliedschaft bei einer Gewerkschaft
- Mitgliedschaft beim Betriebsrat
- Urlaubs-, Krankheits- und Fehltage
- Gehalt/Lohn
- Strafbare Handlungen bzw. Verdacht auf strafbare Handlungen, wenn sich diese nicht auf das Arbeitsverhältnis ausgewirkt haben
  Beachte:
  Bei einer strafrechtlichen Verurteilung, die sich auf das Arbeitsverhältnis ausgewirkt hat, muss unter Berücksichtigung der Zeugniswahrheitspflicht ein wohlwollend codierter Hinweis erfolgen.
- Vorstrafen, sofern sie nichts mit dem Arbeitsverhältnis zu tun haben
- Gerichtliche Auseinandersetzung zwischen Arbeitgeber und Arbeitnehmer
- Kündigungsgrund, sofern er für das weitere Berufsleben von Nachteil ist
- Details aus dem Privatleben, sofern sie nichts mit dem Arbeitsverhältnis zu tun haben
- Vorfälle, die für die Leistung und Führung nicht charakteristisch sind
- Nebentätigkeiten
- Behinderungen
- Abmahnungen

KARTE 1.125

? Erläutern Sie zwei mögliche Rechtsfolgen bei Fehlern im Arbeitszeugnis.

Erläutern Sie zwei mögliche Rechtsfolgen bei Fehlern im Arbeitszeugnis.

1. Entspricht das Zeugnis formell oder inhaltlich nicht den Vorstellungen des Arbeitnehmers, kann dieser **Klage auf Zeugnisberichtigung** beim zuständigen Arbeitsgericht erheben.
2. Wird das Arbeitszeugnis nicht, schlecht oder verspätet erfüllt, kann der „Ex-Arbeitnehmer" **Schadensersatz** nach BGB verlangen.

   Ein materieller Schaden liegt dann vor, wenn wegen Fehlens des Arbeitszeugnisses der Arbeitnehmer nicht oder verspätet eingestellt wird oder das Arbeitsverhältnis nur zu schlechteren Bedingungen zustande kommt.

   Beachte:

   Der „Ex-Arbeitnehmer" muss den entstandenen Schaden beweisen!
3. Der **nachfolgende Arbeitgeber kann Schadensersatz verlangen**, wenn relevante Aussagen im Arbeitszeugnis verschwiegen wurden, die für die Begründung des neuen Arbeitsverhältnisses wichtig waren und dadurch dem Arbeitgeber ein Schaden entstanden ist (z.B. der Arbeitnehmer begeht erneut einen Diebstahl im Arbeitsverhältnis).

KARTE 1.126

?

Was versteht man unter Arbeitspapieren?

Nennen Sie fünf Beispiele für Arbeitspapiere des Arbeitgebers.

!

Was versteht man unter Arbeitspapieren?

Arbeitspapiere sind Unterlagen, die im engeren Zusammenhang mit dem Arbeitsverhältnis stehen und aus gesetzlichen oder vertraglichen Gründen bei Beginn der Arbeit dem Arbeitgeber übergeben werden müssen.

Nennen Sie fünf Beispiele für Arbeitspapiere des Arbeitgebers.

Beispiele für Arbeitspapiere:

Lohnsteuerkarte, Sozialversicherungsnachweis, Arbeitszeugnis, Kindergeldbescheinigung, Sozialversicherungsausweis, Urlaubsbescheinigung, Unterlagen über vermögenswirksame Leistungen, Arbeitsbescheinigung zur Vorlage bei der Bundesagentur für Arbeit (diese muss unverzüglich vom Arbeitgeber ausgefüllt und an den Arbeitnehmer zurückgegeben werden)

Hinweise:

- Arbeitgeber hat **kein Zurückbehaltungsrecht** an den Arbeitspapieren. Nach Ende des Arbeitsverhältnisses müssen diese Unterlagen zurückgegeben bzw. ausgestellt werden.
- Arbeitgeber muss Schadensersatz zahlen, falls er die Papiere nicht zurückgibt, gem. § 61 Abs.2 ArbGG.
- Arbeitnehmer kann auf Herausgabe sowie auf Ausfüllen der Unterlagen klagen.

KARTE 1.127

?

Was versteht man unter einer Personalakte?
Beschreiben Sie zwei Pflichten des Arbeitgebers bei der Personalaktenführung.

Was versteht man unter einer Personalakte?

Personalakten sind alle Unterlagen, die dem Arbeitgeber über einen Arbeitnehmer vorliegen und diesen Arbeitnehmer persönlich betreffen, sowie in einem **inneren Zusammenhang** zum Arbeitsverhältnis stehen.

= **Sammlung aller für das Arbeitsverhältnis relevanten Unterlagen durch den Arbeitgeber**

Beschreiben Sie zwei Pflichten des Arbeitgebers bei der Personalaktenführung.

- **Vertrauliches Behandeln** der Personalakte,
  d.h., der Arbeitgeber muss die Persönlichkeitsrechte seiner Mitarbeiter wahren (nach Art.2 Abs.1 i.V.m. Art.1 GG) und diese beim Umgang mit ihren personenbezogenen Daten schützen
- **Aufbewahrungspflichten** laut gesetzlicher Vorschriften
- Dem Mitarbeiter ist **Einsicht** in seine Personalakte zu gewähren, ***§ 83 BetrVG***
- Wenn personenbezogene Daten von **mindestens 20 Mitarbeitern** automatisiert werden, muss der Betrieb gem. ***§ 38 BDSG n.F.*** einen **Datenschutzbeauftragten bestellen**

KARTE 1.128

?

Erläutern Sie sechs Dokumente, die typischerweise in die Personalakte aufgenommen werden.

Erläutern Sie sechs Dokumente, die typischerweise in die Personalakte aufgenommen werden.

Personalbezogene Unterlagen und Vertragsunterlagen	wie Bewerbungsunterlagen (d.h. Anschreiben, Lebenslauf, Referenzen, Schulabschlusszeugnisse, Arbeitszeugnisse früherer Arbeitgeber), Personalfragebogen, Personalnummer, Kontaktdaten, polizeiliches Führungszeugnis, Arbeitsvertrag, zusätzliche Vereinbarungen, Erklärungen zu Nebentätigkeiten, Unterlagen zum Familienstand
Innerbetrieblicher Werdegang	wie Versetzungen, Beförderungen, Teilnahme an Lehrgängen und Fortbildungen, Seminarbescheinigungen, Weiterbildungsurkunden, Personalentwicklungsplan, Ausbildungsplan
Beurteilungen	wie unternehmensinterne Beurteilungen und Bewertungen, Protokolle der jährlichen Beurteilungsgespräche, Ermahnungen und Abmahnungen, Disziplinarmaßnahmen, Zwischenzeugnisse, Endzeugnisse
Sozialversicherungsrechtliche Unterlagen	wie Anmeldung zur Krankenkasse, Sozialversicherungsausweis, Lohn-/Gehaltsbescheinigungen, Unfallmeldungen, Unterlagen Kur, AU-Meldungen, Unterlagen zur Lohnsteuer
Entgelt	wie Unterlagen zur Vergütung, wie Kontoverbindung des Arbeitnehmers, Grundentgelt, variable Vergütungsanteile, tarifliche Zulagen, Prämien/Tantiemen, Sonderzahlungen, Beihilfen, Abtretungen, Pfändungen, Lohn- und Gehaltsveränderung, vermögenswirksame Leistungen, Antrag auf Kindergeld/Kindergeldbescheid
Betriebliche Altersvorsorge	wie Direktversicherung, Pensionskasse, Direktzusage, Unterstützungskasse, Unfallversicherung, Betriebssportversicherung
Persönliche Ereignisse/ Veränderungen	wie Elternzeit/Mutterschutz, Heiratsurkunde, Jubiläen, Geburtsurkunde Kind(er), Schwerbehinderung/ Nachweis über Schwerbehinderung, Gesundheitszeugnis, Umzug

KARTE 1.129

?

Erläutern Sie drei Möglichkeiten des Arbeitnehmers, gegen unzulässige Vermerke in der Personalakte vorzugehen.
Haben Mitarbeiter einen Anspruch auf Entfernung berechtigter Vermerke nach einer gewissen Zeitdauer?

Erläutern Sie drei Möglichkeiten des Arbeitnehmers, gegen unzulässige Vermerke in der Personalakte vorzugehen.

Mitarbeiter haben folgende Möglichkeiten bei unzulässigen Vermerken in ihrer Personalakte:

- **Gegendarstellung**/schriftliche Stellungnahme zu den Akten nehmen lassen
- Anspruch auf Widerruf bzw. **Berichtigung**
- Verlangen, dass die unrichtigen Unterlagen **entfernt** werden
- Klage vor dem Arbeitsgericht auf Entfernen der unrichtigen Unterlagen
- Unterlassungsklage, wenn Aufnahme in die Akten unmittelbar bevorsteht

Haben Mitarbeiter einen Anspruch auf Entfernung berechtigter Vermerke nach einer gewissen Zeitdauer?

Gesetzlich gibt es **keine** zeitliche Regelung, nach der berechtigte Vermerke (z.B. Abmahnungen, Ermahnungen) aus der Personalakte zu entfernen sind.

Hinweis:

Nach der **Rechtsprechung** des Bundesarbeitsgericht BAG können Arbeitnehmer die Entfernung einer zu Recht erteilten Abmahnung dann verlangen, wenn das gerügte Verhalten bedeutungslos geworden ist, es also nicht mehr geeignet ist, eine Kündigung zu stützen bzw. bei weiteren Entscheidungen nicht mehr relevant ist. Wann dieser Zeitpunkt gegeben ist, hängt laut BAG von den Umständen des Einzelfalls und damit von der Schwere des Fehlverhaltens ab. Eine Regelfrist gibt es nicht, jedoch wird in verschiedenen Urteilen von einer **Wohlverhaltensphase** des Arbeitnehmers von 2-4 Jahren gesprochen.

KARTE 1.130

? Erläutern Sie drei Rechte des Betriebsrats bei der Personalaktenführung.

ANWENDEN (gewährleisten)

1.6.3 Beteiligungsrechte des Betriebsrats

Erläutern Sie drei Rechte des Betriebsrats bei der Personalaktenführung.

§ 87 Abs.1 Nr.1 BetrVG	Im Rahmen einer Betriebsvereinbarung nach § 87 Abs.1 Nr.1 BetrVG können durch Arbeitgeber und Betriebsrat Einzelheiten über die Einsichtnahme geregelt werden, wie z.B. Häufigkeit der Einsichtnahme, Ort und Durchführung.
§ 83 Abs.1 BetrVG	Der Betriebsrat hat kein Einsichtsrecht in die Personalakten von Arbeitnehmern. Jedoch hat der Arbeitnehmer das Recht, ein von ihm bestimmtes Betriebsratsmitglied bei seiner Einsichtnahme hinzuzuziehen, § 83 Abs.1 BetrVG. Das hinzugezogene Betriebsratsmitglied hat über den von ihm erfahrenen Inhalt der Personalakte Stillschweigen zu bewahren.
§ 87 Abs.1 Nr.6 BetrVG	Der Betriebsrat hat Mitbestimmungsrechte bei der Einführung der digitalen Personalakte.
§ 90 Abs.1 Nr.2 BetrVG	Der Betriebsrat hat Unterrichtungs– und Beratungsrechte bei der Einführung der digitalen Personalakte, denn nach § 90 Abs.1 Nr.2 BetrVG ist der Arbeitgeber verpflichtet, den Betriebsrat über die Planung von technischen Anlagen rechtzeitig zu unterrichten und die Auswirkungen mit ihm zu beraten.
Art. 5 Abs.1 DSGVO i.V.m. § 79a BetrVG	Bei der Verarbeitung personenbezogener Daten hat der Betriebsrat die Vorschriften über den Datenschutz einzuhalten. Soweit der Betriebsrat zur Erfüllung der in seiner Zuständigkeit liegenden Aufgaben personenbezogene Daten verarbeitet, ist der Arbeitgeber der für die Verarbeitung Verantwortliche im Sinne der datenschutzrechtlichen Vorschriften.

KARTE 1.131

?

Erläutern Sie den Kündigungsschutz während der Elternzeit.

Ist eine Teilerwerbstätigkeit während der Elternzeit möglich?

Erläutern Sie den Kündigungsschutz während der Elternzeit.

Der Arbeitgeber darf das Arbeitsverhältnis ab dem Zeitpunkt, von dem an Elternzeit verlangt worden ist (d.h., **ab Eingang der Elternzeiterklärung beim Arbeitgeber**), nicht kündigen, ***§ 18 Abs.1 S.1 BEEG.***
Der **Kündigungsschutz beginnt**

1. frühestens acht Wochen vor Beginn einer Elternzeit bis zum vollendeten 3. Lebensjahr des Kindes **und**
2. frühestens 14 Wochen vor Beginn einer Elternzeit zwischen dem dritten Geburtstag und dem vollendeten 8. Lebensjahr des Kindes.

Während der Elternzeit darf der Arbeitgeber das Arbeitsverhältnis nicht kündigen, ***§ 18 Abs.1 S.3 BEEG.***

Eine Kündigung des Arbeitnehmers **zum Ende der Elternzeit** kann unter Einhaltung einer Kündigungsfrist von drei Monaten erfolgen, gem. ***§ 19 BEEG.***

Ist eine Teilerwerbstätigkeit während der Elternzeit möglich?

Ja, während der Elternzeit ist eine Teilerwerbstätigkeit von bis zu **32 Stunden** (**neu** seit 01.09.2021) pro Woche zulässig, nach ***§ 15 Abs.4 BEEG.***

Teilzeitarbeit bei einem **anderen** Arbeitgeber oder als Selbständiger ist nur mit **Zustimmung** des Arbeitgebers zulässig. Dieser darf sie nur aus dringenden betrieblichen Gründen innerhalb 4 Wochen nach Zugang des Antrags schriftlich ablehnen, ***§ 15 Abs.4 S.4 BEEG.***

KARTE 1.132

? Wer hat in welcher Höhe Anspruch auf Elterngeld?

ANWENDEN (anwenden)

1.7.1 Bundeselterngeld- und Elternzeitgesetz BEEG

Wer hat in welcher Höhe Anspruch auf Elterngeld?

Anspruch auf Elterngeld hat nach *§ 1 BEEG*, wer

1. einen Wohnsitz oder seinen gewöhnlichen Aufenthalt in Deutschland hat,
2. mit seinem Kind in einem Haushalt lebt
3. dieses Kind selbst betreut und erzieht und
4. keine oder keine volle Erwerbstätigkeit ausübt und im Jahr vor der Geburt die Einkommensgrenze nicht überschritten hat.

Höhe des Elterngeldes:

Nach *§ 2 BEEG* wird Elterngeld in Höhe von **67 Prozent** des in den zwölf Kalendermonaten vor dem Monat der Geburt des Kindes durchschnittlich erzielten monatlichen Einkommens aus Erwerbstätigkeit bis zu einem **Höchstbetrag von 1800 Euro**, jedoch mindestens 300 Euro monatlich für volle Monate gezahlt, in denen die berechtigte Person kein Einkommen aus Erwerbstätigkeit erzielt.

Hinweise:

- Das Elterngeld ist nach § 7 BEEG **schriftlich** zu beantragen. Es wird rückwirkend nur für die letzten drei Monate vor Beginn des Monats geleistet, in dem der Antrag auf Elterngeld eingegangen ist.
- Seit 01.07.2015 können Eltern zwischen dem **Basiselterngeld** (dieses kann vom Tag der Geburt bis zur Vollendung des 14. Lebensmonats bezogen werden) **und** dem **ElterngeldPlus** (Eltern, die nach der Geburt des Kindes Teilzeit arbeiten wollen, können die Bezugszeit des Elterngeldes auf max. 24 Monate verlängern) **wählen**. Zusätzlich können Eltern vier Partnerschaftsbonusmonate beantragen, *§ 4 BEEG.*

KARTE 1.133

?

Nennen Sie das Ziel des Mutterschutzgesetzes.

Erläutern Sie drei Schutzvorschriften, die der Arbeitgeber bei Schwangeren beachten muss.

!

Nennen Sie das Ziel des Mutterschutzgesetzes.

Das Mutterschutzgesetz MuSchG (= **Gesetz zum Schutz von Müttern bei der Arbeit, in der Ausbildung und im Studium**) schützt die **Gesundheit der Frau/Mutter und ihres Kindes** am Arbeits-, Ausbildungs- und Studienplatz während der Schwangerschaft, nach der Entbindung und in der Stillzeit, *§ 1 Abs. 1 MuSchG.*

Erläutern Sie 3 Schutzvorschriften, die der Arbeitgeber bei Schwangeren beachten muss.

Sobald der Arbeitgeber von der Schwangerschaft erfahren hat, muss er folgende mutterschutzrechtliche Vorschriften einhalten:

- **Neu zum 01.01.2018: Gefährdungsbeurteilung:** Der Arbeitgeber muss alle Arbeitsplätze und Arbeitsbedingungen in seinem Betrieb daraufhin untersuchen, ob Schwangere oder stillende Mütter dort gefahrlos arbeiten können (→ **Gefährdungsüberprüfung**) nach *§ 9 Abs. 1 MuSchG.*
- **Ärztliches Beschäftigungsverbot:** Werdende Mütter dürfen nicht beschäftigt werden, wenn nach ärztlichem Zeugnis Leben oder Gesundheit von Mutter oder Kind, bei Fortdauer der Beschäftigung gefährdet ist, *§ 16 Abs. 1 MuSchG.*
- Die **Schutzfristen/ Beschäftigungsverbote vor und nach der Entbindung** beachten:
  - → **6 Wochen vor der Entbindung**, *§ 3 Abs. 1 MuSchG*
    Beschäftigung nur mit ausdrücklichem widerrufbarem Einverständnis der werdenden Mutter möglich = **relatives Beschäftigungsverbot**.
  - → **8 Wochen nach der Geburt**, *§ 3 Abs. 2 MuSchG* = **absolutes Beschäftigungsverbot**,
    d.h., eine Beschäftigung ist trotz ausdrücklicher Einverständniserklärung der Mutter nicht möglich.

?

Muss ein Arbeitgeber Schwerbehinderte beschäftigen?
Beschreiben Sie drei gesetzliche Vorgaben, die bei schwerbehinderten Arbeitnehmern zusätzlich zu beachten sind.

Muss ein Arbeitgeber Schwerbehinderte beschäftigen?

Grundsätzlich ja, denn ein Arbeitgeber **mit mindestens 20 Arbeitsplätzen** muss mindestens **5 %** der Arbeitsplätze mit Schwerbehinderten besetzen, *§ 154 Abs.1 SGB IX* (= **Schwerbehindertenquote**).

Aber, wenn der Arbeitgeber diese gesetzliche Vorgabe nicht erfüllt, muss er pro unbesetztem Pflichtarbeitsplatz eine **Ausgleichsabgabe** entrichten, *§ 160 Abs.1 SGB IX.*

Die Höhe der Ausgleichsabgabe **pro Monat** (!) berechnet sich anhand der Beschäftigungsquote nach *§ 160 Abs.2 SGB IX.*

Beschreiben Sie drei gesetzliche Vorgaben, die bei schwerbehinderten Arbeitnehmern zusätzlich zu beachten sind.

- **Besonderer Kündigungsschutz** nach *§§ 168 ff SGB IX.*

  Aber, der besondere Kündigungsschutz gilt nicht in den ersten 6 Monaten der Beschäftigung, § 173 Abs.1 Nr.1 SGB IX.

- **Freistellung von Mehrarbeit** auf Verlangen des Schwerbehinderten gem. *§ 207 SGB IX.*
  Unter Mehrarbeit ist nach § 3 ArbZG, Arbeitszeit von mehr als 8 Stunden täglich zu verstehen.

- Anspruch auf **Zusatzurlaub** von 5 Arbeitstagen (bei 5 Arbeitstagen pro Woche; sonst entsprechend weniger), nach § 208 SGB IX. **Aber**, der einem Schwerbehinderten Gleichgestellte erhält keinen Zusatzurlaub, § 151 Abs.3 SGB IX.

- Die **Schwerbehindertenvertretung** ist am Einstellungsverfahren eines schwerbehinderten Menschen (oder eines Schwerbehinderten Gleichgestellten) zu beteiligen. Ohne deren Beteiligung ist die Kündigung unwirksam, *§ 178 Abs.2 SGB IX.*

KARTE 1.135

?

Wie kann der Arbeitgeber die Ausgleichsabgabe mindern?

Wie kann der Arbeitgeber die Ausgleichsabgabe mindern?

Minderung der Ausgleichsabgabe durch:

- Anrechnung von Aufträgen an anerkannte Behindertenwerkstätten, § 223 SGB IX
- Antrag auf Mehrfachanrechnung bei der Bundesanstalt für Arbeit nach § 159 Abs.1 SGB IX
  d.h. ein besonders schwerbehinderter Mensch kann auf bis zu 3 Pflichtarbeitsplätze angerechnet werden
- Antrag auf Gleichstellung von Arbeitnehmern mit 30 % - 49 % Behinderung bei der Bundesanstalt für Arbeit, § 2 Abs.3 SGB IX
- Einstellung von schwerbehinderten Auszubildenden, denn diese werden auf 2 Pflichtplätze angerechnet, § 159 Abs.2 SGB IX
- Mehr schwerbehinderte Menschen einstellen

KARTE 1.136

? Unter welchen Voraussetzungen kann eine Schwerbehindertenvertretung errichtet werden?

Unter welchen Voraussetzungen kann eine Schwerbehindertenvertretung errichtet werden?

Voraussetzungen für die Errichtung einer Schwerbehindertenvertretung nach § 177 Abs.1 S.1 SGB IX:

- Mindestens 5 schwerbehinderte Arbeitnehmer, die nicht nur vorübergehend beschäftigt sind
- Es sind jeweils eine Vertrauensperson und ein Stellvertreter -in geheimer und unmittelbarer Wahl- zu wählen

  Wichtig: Änderung zum 01.01.2018:

  Ab 100 beschäftigten Schwerbehinderten sind Vertrauenspersonen auf ihren Wunsch **freizustellen**, § 179 Abs.4 S.2 SGB IX

KARTE 1.137

? Erläutern Sie zwei Pflichten des Arbeitgebers in Bezug auf schwerbehinderte Menschen bei der Besetzung von Arbeitsplätzen.

ANWENDEN (anwenden)

1.7.3 Schwerbehindertengesetz SGB IX

Erläutern Sie zwei Pflichten des Arbeitgebers in Bezug auf schwerbehinderte Menschen bei der Besetzung von Arbeitsplätzen.

- **Benachteiligungsverbot:**

  Gem. *§ 164 Abs.2 S.1 SGB IX* dürfen Arbeitgeber schwerbehinderte Beschäftigte nicht wegen ihrer Behinderung benachteiligen.

  Eine diskriminierende Benachteiligung liegt vor, wenn die Behinderung zumindest auch ein Beweggrund für die Benachteiligung ist.

- **Prüfungspflicht:**

  § 164 Abs.1 SGB IX verpflichtet den Arbeitgeber zu prüfen, ob freie Arbeitsplätze mit schwerbehinderten Menschen besetzt werden können.

? Welche Rechte kann der schwerbehinderte Mensch geltend machen, wenn er benachteiligt wurde?

Welche Rechte kann der schwerbehinderte Mensch geltend machen, wenn er benachteiligt wurde?

!

- **Beschwerderecht, § 13 Abs.1 AGG:**

  Benachteiligte Beschäftigte dürfen sich beschweren. Diese Beschwerde ist zu beantworten.

- **Leistungsverweigerungsrecht, § 14 AGG:**

  Diskriminierte Arbeitnehmer dürfen ihre Arbeit verweigern, wenn der Arbeitgeber gegen die Belästigung oder sexuelle Belästigung am Arbeitsplatz nichts oder offensichtlich Ungeeignetes unternimmt.

- **Unterlassungsklage, § 1004 BGB:**

  Diskriminierte Arbeitnehmer haben einen Anspruch auf Unterlassung der Diskriminierung, den sie gerichtlich geltend machen können.

- **Entschädigung und Schadensersatz, § 15 AGG:**

  Der benachteiligte Beschäftigte kann Ersatz des Nichtvermögensschadens (= **Schmerzensgeld**) **und** des **Vermögensschadens** verlangen.

  Beachte:

  - Wird ein schwerbehinderter Bewerber diskriminiert, kann er eine angemessene Entschädigung in Geld verlangen, § 15 Abs.2 S.2 AGG. **Aber**: Ein Einstellungsanspruch besteht nicht, § 15 Abs.4 AGG.
  - Der Schwerbehinderte muss Tatsachen glaubhaft machen, die eine Benachteiligung wegen der Behinderung vermuten lassen. Dann trägt der Arbeitgeber die Darlegungs- und Beweislast, dass kein Verstoß gegen das Benachteiligungsverbot vorliegt, *§ 22 AGG.*

KARTE 1.139

?

Was versteht man unter einer Arbeitnehmer-erfindung?

Wie müssen Arbeitnehmer und Arbeitgeber bei Arbeitnehmererfindungen vorgehen?

Was versteht man unter einer Arbeitnehmererfindung?

Dem Arbeitgeber gehören als Arbeitsergebnis alle urheberrechtsfähigen oder gebrauchsmusterfähigen oder geschmacksmusterfähigen schöpferischen **Entwicklungen eines Arbeitnehmers**, die im gewerblichen Bereich des Arbeitgebers verwendbar sind **und**
im Zusammenhang mit dem Arbeitsverhältnis (oder erfahrungs- oder anregungsbezogen) entstanden sind.

Hinweis:

Alle Erfindungen eines Arbeitnehmers **müssen dem Arbeitgeber mitgeteilt werden**, damit dieser überprüfen kann, ob sie mit den betrieblichen Fertigungs- oder Vertriebsprogrammen in Übereinstimmung stehen und ob dadurch ein Vetorecht des Arbeitgebers begründet wird.

Wie müssen Arbeitnehmer und Arbeitgeber bei Arbeitnehmererfindungen vorgehen?

1. Der Arbeitnehmer muss die Erfindung sofort seinem Arbeitgeber melden (→ **Meldepflicht**), ***§§ 4, 5 ArbNErfG.***
2. Der Arbeitgeber muss innerhalb von 4 Monaten mitteilen, ob er die Erfindung unbeschränkt, beschränkt oder gar nicht nutzen möchte.
3. Bei beschränkter und unbeschränkter Nutzung muss der Arbeitgeber dem Arbeitnehmer eine angemessene Vergütung gewähren.

?

Erläutern Sie das Ziel des Arbeitsschutzgesetzes (ArbSchG).

Nennen Sie drei Maßnahmen des Arbeitsschutzes.

!

Erläutern Sie das Ziel des Arbeitsschutzgesetzes (ArbSchG).

Das Arbeitsschutzgesetz ArbSchG soll die Arbeitnehmer gegen Gefahren für Leben und Gesundheit bei der Arbeit und durch die Arbeit zu schützen, *§ 1 ArbSchG.*

Nennen Sie drei Maßnahmen des Arbeitsschutzes.

Maßnahmen des Arbeitsschutzes nach *§ 2 Abs. 1 ArbSchG:*

- Verhütung von Arbeitsunfällen (→ Unfallschutz)
- Verhütung von arbeitsbedingten Gefahren (→ Arbeitsmedizin, Gesundheitsfürsorge)
- Menschengerechte Gestaltung der Arbeit (→ sozialer Arbeitsschutz)

KARTE 1.141

? Wer trägt in den Unternehmen die Verantwortung für den Arbeitsschutz?

ANWENDEN (anwenden)
1.7.5 Arbeitsschutz

Wer trägt in den Unternehmen die Verantwortung für den Arbeitsschutz?

Grundsätzlich sind für den betrieblichen Arbeitsschutz der **Arbeitgeber und die von ihm beauftragten Führungskräfte** (wie Arbeitnehmer, Betriebsrat, Sicherheitsbeauftragter, Fachkraft für Arbeitssicherheit etc.) verantwortlich.

Die Verantwortung für den Arbeitsschutz obliegt jedem Beteiligten nach Maßgabe des ihm zustehenden Einflussbereiches.

Der Arbeitgeber kann die arbeitsschutzrechtlichen Pflichten auf geeignete betriebliche Führungskräfte (= zuverlässige und sachkundige Personen) **übertragen.**

Wichtig:

Die **Pflichtenübertragung** muss **schriftlich** erfolgen, gemäß *§ 13 Abs.2 ArbSchG.*

BEACHTE

- Der Arbeitgeber kann durch die Pflichtenübertragung nicht von jeglicher Verantwortung freigestellt werden. Anstelle der unmittelbaren Verantwortung für den Arbeitsschutz hat er nun die **Auswahlverantwortung** (→ Auswahl der richtigen Personen) **und** die **Aufsichtspflicht** (→ Kontrolle) gegenüber den betrieblichen Führungskräften. Er muss also seinerseits sicherstellen, dass die Führungskräfte auch die ihnen übertragenen Pflichten erfüllen.
- Falls der Arbeitgeber den innerbetrieblichen Arbeitsschutz nicht einhält, ist der Arbeitnehmer berechtigt, die Arbeit einzustellen (→ **Zurückbehaltungsrecht** an der Arbeit) und seinen Lohn weiter zu verlangen.

KARTE 1.142

?

Erläutern Sie die Pflichten des Arbeitgebers für den innerbetrieblichen Arbeitsschutz.

Erläutern Sie die Pflichten des Arbeitgebers für den innerbetrieblichen Arbeitsschutz.

Der **Arbeitgeber ist zum innerbetrieblichen Arbeitsschutz verpflichtet**. Der Arbeitgeber muss gem. *§ 3 ArbSchG* die erforderlichen Maßnahmen des Arbeitsschutzes unter Berücksichtigung der Umstände treffen, die die Sicherheit und Gesundheit der Beschäftigten bei der Arbeit beeinflussen. Dabei soll der Arbeitgeber eine Verbesserung von Sicherheit und Gesundheit der Beschäftigten anstreben.

Grundpflichten des Arbeitgebers, § 3 ArbSchG	**Allgemeine Grundsätze des Arbeitgebers,** § 4 ArbSchG	**Besondere Pflichten des Arbeitgebers,** §§ 5-14 ArbSchG
■ Der Arbeitgeber hat alle erforderlichen Maßnahmen zu treffen, die für den Arbeitsschutz erforderlich sind. (Darunter fallen u.a. Schutzmaßnahmen gegen Corona) ■ Kontrolle der Wirksamkeit der Maßnahmen ■ Verbesserungspflicht von Sicherheit und Gesundheitsschutz ■ **Pflicht zur Kostenübernahme** nach § 3 Abs.3 ArbSchG (d.h., der Arbeitgeber trägt die Kosten für die Arbeitsschutzausrüstung)	■ Pflicht zur Gefährdungsvermeidung (→ **Gefährdungsbeurteilung**) ■ Pflicht zur Bekämpfung von Gefahren ■ Überprüfung von Stand der Technik, Arbeitsmedizin und Hygiene ■ Besondere Planungspflichten ■ Schutz besonders schutzbedürftiger Personen ■ Pflicht, geeignete Anweisungen zu erteilen ■ Verbot geschlechtsspezifischer Diskriminierung	■ Beurteilung der Arbeitsbedingungen, § 5 ArbSchG ■ Dokumentation der Maßnahmen des Arbeitsschutzes, § 6 ArbSchG ■ Sorgfältige Aufgabenübertragung, § 7 ArbSchG ■ Zusammenarbeit mehrerer Arbeitgeber, § 8 ArbSchG ■ Vorkehrungen bei besonderen Gefahren treffen, § 9 ArbSchG ■ Erste Hilfe, sonstige Notfallmaßnahmen und arbeitsmedizinische Vorsorge treffen, §§ 10, 11 ArbSchG ■ Unterweisung der Beschäftigten, § 12 ArbSchG ■ Auswahl zuverlässiger, fachkundiger Personen, § 13 Abs.2 ArbSchG

KARTE 1.143

? Erläutern Sie vier Pflichten des Arbeitnehmers beim Arbeitsschutz.

ANWENDEN (anwenden)

!

Erläutern Sie vier Pflichten des Arbeitnehmers beim Arbeitsschutz.

Pflichten der Arbeitnehmer	Inhalt
Pflicht zur Eigensorge, § 15 Abs.1 ArbSchG	Arbeitnehmer müssen bei der Arbeit für ihre Sicherheit und Gesundheit selbst Sorge tragen.
Pflicht zur Fremdsorge gegenüber Kollegen, Dritten und Arbeitgeber, § 15 Abs.1 S.2 ArbSchG	Arbeitnehmer müssen bei der Arbeit auch für die Sicherheit und Gesundheit von denjenigen Personen Sorge tragen, die von ihren Handlungen betroffen sind.
Pflicht zur ordnungsgemäßen Verwendung der Arbeitsmittel, § 15 Abs.2 ArbSchG	Bestimmungsgemäße Verwendung von Maschinen, Geräten, Werkzeugen, Arbeitsstoffen, Transportmitteln, persönlicher Schutzausrüstung etc.
Gefahr- und Defektmeldepflicht, § 16 Abs.1 ArbSchG	Unverzügliche Meldung an Arbeitgeber oder an Vorgesetzten von festgestellten Defekten an Schutzsystemen.
Pflicht zur Unterstützung, § 16 Abs.2 S.1 ArbSchG	Maßnahmen zum Arbeitsschutz von Betriebsärzten und Fachkräften für Arbeitssicherheit sind vom Arbeitnehmer zu unterstützen.
Mitteilungspflichten, §§ 16 Abs.2 S.2, 17 Abs.2 ArbSchG	Gefahrmeldungen auch gegenüber Fachkräften für Arbeitssicherheit, Betriebsarzt und Sicherheitsbeauftragten.

? Erläutern Sie die Rechtsfolgen, die dem AG und/oder dem AN bei Verstößen und Ordnungswidrigkeiten gegen Arbeitsschutz-vorschriften drohen.

Erläutern Sie die Rechtsfolgen, die dem AG und/oder dem AN bei Verstößen und Ordnungswidrigkeiten gegen Arbeitsschutzvorschriften drohen.

Bußgeldvorschriften, § 25 ArbSchG:

Ordnungswidriges Verhalten kann mit einer **Geldbuße** geahndet werden:

- Dem **Arbeitgeber** droht eine Geldbuße bis zu **30.000 Euro.**
- Dem **Arbeitnehmer** droht eine Geldbuße bis zu **5.000 Euro.**

Strafvorschriften, § 26 ArbSchG:

Bei beharrlichem Zuwiderhandeln oder vorsätzlicher Handlung, durch die Leben oder Gesundheit eines Beschäftigten gefährdet werden, muss mit einer **Freiheitsstrafe bis zu einem Jahr oder** mit einer **Geldstrafe** gerechnet werden.

Hinweis:

Bei einer Pflichtverletzung des Arbeitgebers aufgrund unzureichendem Arbeits- und Gesundheitsschutz in Bezug auf **COVID-19** kommt eine Haftung des Arbeitgebers nach §§ 25, 26 ArbSchG in Betracht.

KARTE 1.145

? Wer überwacht die Einhaltung des Arbeitsschutzes?

Wer überwacht die Einhaltung des Arbeitsschutzes?

1. **Gewerbeaufsichtsamt**

   Die Überwachung der Einhaltung der Schutzvorschriften obliegt primär dem Gewerbeaufsichtsamt als staatliche Aufsichtsbehörde. Diese hat polizeiliche Befugnisse.

   → **Schutz der Öffentlichkeit**

2. **Berufsgenossenschaft**

   Daneben überwacht auch die Berufsgenossenschaft (und die Unfallkassen der öffentlichen Hand) als gesetzlicher Unfallversicherungsträger die Einhaltung der Schutzvorschriften.
   Denn die Berufsgenossenschaften haben nach *§ 15 Abs. 1 SGB VII* den **gesetzlichen Präventionsauftrag**, Unfallverhütungsvorschriften UVV (= Verhaltensregeln, die Arbeitnehmer zur Verhütung von Arbeitsunfällen zu beachten haben) zu erlassen.

   → **Schutz der einzelnen Arbeitnehmer und ihrer Arbeitsbedingungen**

KARTE 1.146

?

Erläutern Sie vier Pflichten bzw. Rechte des Betriebsrats beim Arbeitsschutz.

Erläutern Sie vier Pflichten bzw. Rechte des Betriebsrats beim Arbeitsschutz.

- Mitbestimmungsrecht bei der Auswahl von Maßnahmen, die die Sicherheit und den Gesundheitsschutz betreffen, *§ 87 Abs. 1 BetrVG in Verbindung mit § 3 ArbSchG* (z.B. Maßnahmen zum Schutz vor einer Infektion mit dem Corona-Virus). Der Betriebsrat hat hierbei ein Initiativrecht und ist auch verpflichtet, dieses zu nutzen, falls der Arbeitgeber untätig ist.
- Verpflichtung zur Überwachung der Einhaltung der arbeitsschutzrechtlichen Vorschriften und Unterstützung der für den Arbeitsschutz zuständigen Stellen, *§ 89 BetrVG*
- Mitbestimmungsrecht bei Regelungen über die Verhütung von Arbeitsunfällen und Berufskrankheiten sowie über den Gesundheitsschutz im Rahmen der gesetzlichen Vorschriften oder der Unfallverhütungsvorschriften UVV, gemäß *§ 87 Abs. 1 Nr. 7 BetrVG*
- Abschluss von freiwilligen Betriebsvereinbarungen mit dem Arbeitgeber über zusätzliche Maßnahmen zur Verhütung von Arbeitsunfällen und Gesundheitsschädigungen, *§ 88 BetrVG*
- Unterrichtungs- und Beratungsrecht über Planung der Arbeitsplätze, des Arbeitsablaufs oder der Arbeitsumgebung und Mitbestimmungsrecht bei Änderungen, die den arbeitswissenschaftlichen Erkenntnissen über die menschengerechte Gestaltung der Arbeit offensichtlich widersprechen. Hier kann der Betriebsrat angemessene Maßnahmen zur Abwendung, Milderung oder zum Ausgleich der Belastung verlangen, gem. *§§ 90, 91 BetrVG*
- Beteiligung bei der Bestellung und Abberufung von Sicherheitsfachkräften und Betriebsärzten gem. *§ 9 Abs. 3 ASiG* und bei Sicherheitsbeauftragten gem. *§ 22 Abs. 1 SGB VII*
- Teilnahme im Arbeitsschutzausschuss nach *§ 11 ASiG*

KARTE 1.147

?

Was regelt das Arbeitssicherheitsgesetz (ASiG)? Welche Aufgaben haben Fachkräfte für Arbeitssicherheit, und welche Anforderungen müssen sie erfüllen?

Was regelt das Arbeitssicherheitsgesetz (ASiG)?

Das Gesetz über Fachkräfte für Arbeitssicherheit (ASiG) regelt, wann der Arbeitgeber **Betriebsärzte oder sonstige Fachkräfte für Arbeitssicherheit** für den Arbeitsschutz einzusetzen hat.

Welche Aufgaben haben Fachkräfte für Arbeitssicherheit, und welche Anforderungen müssen sie erfüllen?

Aufgaben der Sicherheitsfachkräfte, § 6 ASiG:

- Beratung von Arbeitgeber und den anderen Betriebsmitgliedern in Sachen des Arbeitsschutzes
- Überwachung der Einhaltung der Vorschriften des Arbeitsschutzes
- Auf die Einhaltung der Arbeitsschutzregeln hinwirken

Anforderungen an Fachkräfte für Arbeitssicherheit, § 7 ASiG:

- Ingenieur + sicherheitstechnische Fachkunde = **Sicherheitsingenieur**
- Techniker + sicherheitstechnische Fachkunde = **Sicherheitstechniker**
- Meister + sicherheitstechnische Fachkunde = **Sicherheitsmeister**

Hinweis:

Diese sicherheitstechnische Fachkunde wird durch eine zusätzliche Ausbildung (Lehrgang) im Arbeitsschutz erbracht, sowie durch 2 Jahre Berufserfahrung.

KARTE 1.148

?

Ist der Arbeitgeber verpflichtet, einen Sicherheitsbeauftragten zu bestellen?
Nennen Sie zwei Aufgaben des Sicherheitsbeauftragten.

Ist der Arbeitgeber verpflichtet, einen Sicherheitsbeauftragten zu bestellen?

Nach ***§ 22 Abs.1 S.1 SGB VII*** hat der Arbeitgeber in Unternehmen mit **mehr als 20 Beschäftigten** einen Sicherheitsbeauftragten einzusetzen.

Hinweis:

Es gibt keine formalen Voraussetzungen für die Bestellung, d.h. Schriftform ist nicht erforderlich. Der Arbeitgeber muss mit dem Betriebsrat die Bestellung besprechen (→ Mitwirkung des Betriebsrats), **aber** es ist keine Zustimmung des Betriebsrats erforderlich, § 22 Abs.1 SGB VII.

Nennen Sie zwei Aufgaben des Sicherheitsbeauftragten.

Nach § 22 Abs.2 SGB VII haben die Sicherheitsbeauftragten den Arbeitgeber

- bei der Durchführung der Maßnahmen zur Verhütung von Arbeitsunfällen und Berufskrankheiten zu unterstützen,
- insbesondere sich von dem Vorhandensein und der ordnungsgemäßen Benutzung der vorgeschriebenen Schutzeinrichtungen und persönlichen Schutzausrüstungen zu überzeugen und
- auf Unfall- und Gesundheitsgefahren für die Versicherten aufmerksam zu machen.

Wichtig:

Der Sicherheitsbeauftragte darf wegen der Erfüllung der ihm übertragenen Aufgaben nicht benachteiligt werden, ***§ 22 Abs.3 SGB VII.***

KARTE 1.149

?

Was versteht man unter Unternehmensverfassung?
Nennen Sie drei Gesetze der Unternehmensmitbestimmung.

Was versteht man unter Unternehmensverfassung?

Die Unternehmensverfassung betrifft die Mitbestimmung der Arbeitnehmer in den Organen des Unternehmens. Sie ist nur bei den körperschaftlich organisierten Unternehmensträgern, wie **AG, GmbH, KGaA und Genossenschaft**, möglich.

→ **Mitbestimmung auf Unternehmensebene!**

Nennen Sie drei Gesetze der Unternehmensmitbestimmung.

- Mitbestimmungsgesetz von 1976
- Drittelbeteiligungsgesetz von 2004
- Montanmitbestimmungsgesetz von 1951

KARTE 1.150

?

Was regelt das Betriebsverfassungsgesetz BetrVG?

Für wen gilt das Betriebsverfassungsgesetz BetrVG?

Was regelt das Betriebsverfassungsgesetz BetrVG?

Das Betriebsverfassungsgesetz regelt die Zusammenarbeit zwischen dem Arbeitgeber und den Arbeitnehmern des Betriebes, die durch den Betriebsrat repräsentiert werden.

Durch das Betriebsverfassungsrecht soll der Betrieb einerseits eine Ordnung erhalten, die die Interessen der Arbeitnehmer berücksichtigt, und andererseits soll die wirtschaftliche Entscheidungsfreiheit des Arbeitgebers gewahrt bleiben.

Für wen gilt das Betriebsverfassungsgesetz BetrVG?

Das Betriebsverfassungsgesetz gilt nur für **Arbeiter, Angestellte und Auszubildende**,

nicht (!) für leitende Angestellte, ***§ 5 BetrVG.***

Hinweis:

Leitende Angestellte sind z.B. der Geschäftsführer, Vorstand, Prokurist und alle Personen, die selbständig einstellen und entlassen können. Für leitende Angestellte gilt das **Sprecherausschussgesetz SprAuG.**

KARTE 1.151

? Nennen Sie vier allgemeine Grundsätze des Betriebsverfassungsgesetzes.

Nennen Sie vier allgemeine Grundsätze des Betriebsverfassungsgesetzes.

1. Grundsatz der vertrauensvollen Zusammenarbeit zwischen Arbeitgeber und Betriebsrat zum Wohle der Arbeitnehmer und des Betriebes, § 2 Abs.1 BetrVG
2. Kooperation statt Konfrontation, § 74 Abs.1 BetrVG
3. Grundsatz der regelmäßigen Besprechung, § 74 Abs.1 BetrVG
4. Gleichbehandlungsgrundsatz, § 75 Abs.1 BetrVG
5. Schutz und Förderung der freien Entfaltung der Persönlichkeit der Arbeitnehmer, § 75 Abs.2 BetrVG
6. Der Betriebsrat hat über die Einhaltung von Rechtsnormen und arbeitsrechtlichen Grundsätzen zugunsten der Arbeitnehmer zu wachen, § 80 Abs.1 Nr.1 BetrVG.
7. Friedenspflicht, § 74 Abs.2 S.2 BetrVG
8. Grundsatz der parteipolitischen Neutralität, § 74 Abs.2 S.3 BetrVG
9. Verschwiegenheitspflicht, § 79 Abs.1 BetrVG
10. Benachteiligungs- und Begünstigungsverbot, § 78 S.2 BetrVG

KARTE 1.152

?

Was versteht man unter dem Grundsatz der parteipolitischen Neutralität und erläutern Sie den Hintergrund der Vorschrift.

Was versteht man unter dem Grundsatz der parteipolitischen Neutralität und erläutern Sie den Hintergrund der Vorschrift.

Unter dem Grundsatz der parteipolitischen Neutralität nach ***§ 74 Abs.2 S.3 BetrVG*** versteht man, dass sich Betriebsverfassungsorgane (= Betriebsrat) **jeder parteipolitischen Betätigung im Betrieb zu enthalten** haben, unabhängig ob eine konkrete Gefährdung des Betriebsfriedens zu befürchten ist oder nicht.

Hinweis:

Unter parteipolitischer Betätigung versteht man jede Werbung, Sammlung von Unterschriften oder Spenden, Propaganda. Allerdings fällt darunter nicht die Behandlung tarifpolitischer, sozialpolitischer, umweltpolitischer und wirtschaftlicher Fragen, die den Betrieb und seine Mitarbeiter unmittelbar betreffen.

Hintergrund der parteipolitischen Neutralität nach § 74 Abs.2 S.3 BetrVG:

- Schutz der Arbeitnehmer vor Beeinflussung ihrer Meinungs– und Wahlfreiheit
- Wahrung des Betriebsfriedens

Aber, es gibt für Arbeitgeber und Betriebsrat **keine Überwachungspflicht** dahingehend, dass die einzelnen Arbeitnehmer die parteipolitische Neutralität auch einhalten.

KARTE 1.153

?

Erläutern Sie die Voraussetzungen für die Errichtung eines Betriebsrats.

Wer ist wahlberechtigt und wer ist wählbar?

Erläutern Sie die Voraussetzungen für die Errichtung eines Betriebsrats.

In Betrieben mit in der Regel **mindestens fünf ständig wahlberechtigten Arbeitnehmern, von denen drei wählbar sind**, kann ein Betriebsrat gewählt werden, ***§ 1 BetrVG.***

Wer ist wahlberechtigt und wer ist wählbar?

- **Wahlberechtigt** (= aktives Wahlrecht) sind gem. **§ 7 BetrVG**
  - → **Arbeitnehmer** (nicht leitende Angestellte!) **über 16 Jahre (neu seit 18.06.2021!) und**
  - → **Leiharbeitnehmer**, die länger als 3 Monate im Entleiherbetrieb beschäftigt sind.

  Hinweis:

  Bei Leiharbeitnehmern ist von der **beabsichtigten Überlassungsdauer** auszugehen. Es reicht also aus, wenn am Wahltag eine solche dreimonatige Beschäftigungsdauer vorgesehen ist. Das bedeutet, dass ein Leiharbeiter bei einer vorgesehenen Entleihzeit von drei Monaten schon in seiner ersten tatsächlichen Einsatzwoche wahlberechtigt ist.

- **Wählbar** (= passives Wahlrecht) sind gem. **§ 8 BetrVG** alle Arbeitnehmer, die
  - → **über 18 Jahre** sind **und**
  - → **6 Monate dem Betrieb angehören.**

  Hinweis:

  Leiharbeitnehmer nach AÜG sind im Entleiherbetrieb **nicht wählbar**. Das passive Wahlrecht wird im AÜG für Leiharbeitnehmer bei gewerbsmäßiger Arbeitnehmerüberlassung ausdrücklich ausgeschlossen, ***§ 14 Abs.2 Satz 1 AÜG.***

KARTE 1.154

?

Aus wie vielen Mitgliedern besteht der Betriebsrat?

Müssen Betriebsratsmitglieder für ihre Betriebsratstätigkeit freigestellt werden?

Aus wie vielen Mitgliedern besteht der Betriebsrat?

Die Größe des Betriebsrates richtet sich nach der **Größe des Betriebes**, ***§ 9 BetrVG.***

Hinweise:

- Maßgebend für die Größe des Betriebsrates ist die **Zahl der Arbeitnehmer zum Zeitpunkt des Wahlausschreibens**. Als Arbeitnehmer wird der in § 5 BetrVG beschriebene Personenkreis verstanden.
- Neu durch die AÜG-Reform zum 01.04.2017:

  Leiharbeitnehmer, die mindestens 6 Monate und 1 Tag ausgeliehen werden, müssen bei der Berechnung der Größe des Betriebsrates im Entleiherbetrieb berücksichtigt werden, ***§ 14 Abs. 2 S.5 AÜG***.

  Dabei werden die Arbeitsplätze gezählt, auf denen regelmäßig (auch wechselnde) Leiharbeitnehmer eingesetzt werden (Urteil BGH vom 28.10.2019).

Müssen Betriebsratsmitglieder für ihre Betriebsratstätigkeit freigestellt werden?

Freistellung für Betriebsratstätigkeit **ab 200** Arbeitnehmern, ***§ 38 BetrVG.***

KARTE 1.155

? Erläutern Sie drei Wahlgrundsätze, die bei der Betriebsratswahl zu beachten sind.

Erläutern Sie drei Wahlgrundsätze, die bei der Betriebsratswahl zu beachten sind.

- Die Wahl ist **unmittelbar und geheim**, ***§ 14 Abs. 1 BetrVG.***
  Die Wahl erfolgt nach den Grundsätzen der **Verhältniswahl**, § 14 Abs.2 BetrVG.
  Die Wahl findet während der Arbeitszeit statt, § 20 Abs.3 S.2 BetrVG.
- **Niemand darf die Wahl des Betriebsrates behindern.**
  Niemand darf die Wahl des Betriebsrates durch Zufügung oder Androhung von Nachteilen oder durch Gewährung oder Versprechen von Vorteilen beeinflussen, § 20 Abs.1 und 2 BetrVG (→ **Wahlschutz**).
- Die **Wahl eines Betriebsrates ist erzwingbar** und zwar durch 3 wahlberechtigte Arbeitnehmer des Betriebes oder eine im Betrieb vertretene Gewerkschaft § 17 Abs.3 und 4 BetrVG (→ **Initiative**).
- **Dauer der Amtszeit:**
  Regelmäßige Amtszeit des Betriebsrates beträgt **4 Jahre**, § 21 BetrVG.

KARTE 1.156

?

Wer trägt die Wahlkosten?

Wer trägt die Kosten für die Tätigkeit des Betriebsrats?

Wer trägt die Wahlkosten?

Der **Arbeitgeber** trägt die Sachkosten der Wahl, wie Stimmzettel, Wahlurnen etc. nach ***§ 20 Abs.3 S.1 BetrVG.***

Wer trägt die Kosten für die Tätigkeit des Betriebsrats?

Die durch die Tätigkeit des Betriebsrates entstehenden Kosten trägt der **Arbeitgeber**, ***§ 40 Abs.1 BetrVG.***

- Der Arbeitgeber muss Räume, sachliche Mittel, Büropersonal, Informations– und Kommunikationstechnologien zur Verfügung stellen, § 40 Abs.2 BetrVG.
- Die Kosten für erforderlichen Rechtsrat oder die Hinzuziehung von Sachverständigen trägt der Arbeitgeber nach § 80 Abs.3 BetrVG.

KARTE 1.157

?

Erläutern Sie fünf Rechte von Betriebsratsmitgliedern.

Haben Ersatzmitglieder einen besonderen Kündigungsschutz?

Erläutern Sie fünf Rechte von Betriebsratsmitgliedern.

- **Arbeitsbefreiung** zur Ausübung ihres Amtes unter Fortzahlung ihres Arbeitsentgelts, § 37 Abs.2 BetrVG
- **Anpassung von Entgelt** und tariflicher Entwicklung von Betriebsratsmitgliedern bis 1 Jahr nach Amtsende, § 37 Abs.4, 5 BetrVG
- **Freistellung** für Betriebsratstätigkeit ab 200 Arbeitnehmern, § 38 BetrVG
- **Einberufung von Betriebsversammlungen** alle 3 Monate, § 43 Abs.1 BetrVG
- **Einrichten von Sprechstunden** während der Arbeitszeit, § 39 Abs.1 BetrVG
  Wichtig: Versäumnis von Arbeitszeit, die zum Besuch der Sprechstunde erforderlich ist, berechtigt den Arbeitgeber nicht zur Minderung des Arbeitsentgelts des Arbeitnehmers!
- **Besonderer Kündigungsschutz** nach § 15 KSchG und § 103 BetrVG,
  d.h., Betriebsratsmitglieder sind nur **außerordentlich kündbar nach § 15 Abs.1 S.1 KSchG aus wichtigem Grund, § 626 BGB** **und** **mit Zustimmung des Betriebsrates kündbar, § 103 BetrVG**

  Der besondere Kündigungsschutz besteht bis 1 Jahr über das Ende Amtszeit hinaus, § 103 BetrVG i.V.m. § 15 KSchG (→ **Nachwirkung des Kündigungsschutzes**)

Haben Ersatzmitglieder einen besonderen Kündigungsschutz?

Scheidet ein Mitglied des Betriebsrats aus, oder ist zeitweise an der Amtsausübung verhindert, so **rückt** ein Ersatzmitglied **nach**, § 25 Abs.1 S.1 BetrVG.

Mit dem Eintreten des Ersatzmitglieds treffen diesen dieselben Rechte und Pflichten wie ein Betriebsratsmitglied, u.a. der besondere Kündigungsschutz.

KARTE 1.158

?

Welche Sanktionen sieht das BetrVG bei Verstößen des Betriebsrats gegen betriebsverfassungsrechtliche Pflichten vor?

Nennen Sie drei Beispiele grober Pflichtverletzungen durch den Betriebsrat.

!

Welche Sanktionen sieht das BetrVG bei Verstößen des Betriebsrats gegen betriebsverfassungsrechtliche Pflichten vor?

§ 23 BetrVG regelt abschließend die möglichen Sanktionen **bei groben Pflichtverletzungen durch Betriebsratsmitglieder**. Und zwar:

- **Ausschluss** einzelner Betriebsratsmitglieder bzw.
- **Auflösung** des gesamten Betriebsrates.

Der Ausschluss eines Betriebsratsmitglieds setzt einen auf eine grobe Pflichtverletzung des Betriebsratsmitglieds gestützten Antrag an das zuständige Arbeitsgericht voraus. Ob eine Pflichtverletzung als grob anzusehen ist, richtet sich nach den Umständen des Einzelfalls.

Nennen Sie drei Beispiele grober Pflichtverletzungen durch den Betriebsrat.

Beispiele grober Pflichtverletzungen durch den Betriebsrat nach dem BAG:

- Verletzung der Geheimhaltungspflicht nach § 79 BetrVG
- Grobe Verunglimpfung des Arbeitgebers
- Entgegennahme von Vorteilen im Hinblick auf eine Beeinflussung der Amtsführung
- Falsche Angaben freigestellter BR-Mitglieder über auswärtige Tätigkeiten während der Arbeitszeit
- Aufruf zu wildem Streik als Betriebsratsmitglied
- Parteipolitische Betätigung in der Eigenschaft als Betriebsratsmitglied
- Nichtdurchführung erforderlicher Betriebsratssitzungen

KARTE 1.159

?

Unter welchen Voraussetzungen haben die Mitglieder des Betriebsrats Anspruch auf Teilnahme an Schulungen?

Unter welchen Voraussetzungen haben die Mitglieder des Betriebsrats Anspruch auf Teilnahme an Schulungen?

Bei folgenden zwei Alternativen haben die Mitglieder des Betriebsrats Anspruch auf Teilnahme an Schulungen:

1. **Erforderliche Schulungen nach § 37 Abs.6 BetrVG**,
   d.h., die Schulung muss Kenntnisse vermitteln, die **für die konkrete Betriebsratstätigkeit erforderlich** sind. Wie oft ein Betriebsratsmitglied Anspruch auf Seminarbesuche hat, richtet sich ausschließlich nach der jeweiligen Erforderlichkeit.

   Beispiele:

   BetrVG, Grundwissen Arbeitsrecht, Mobbing, Arbeitsschutz, Lohngestaltung, Datenschutz

   Hier: **Arbeitgeber muss Lohnfortzahlung und Seminarkosten übernehmen.**

2. **Geeignete Schulung nach § 37 Abs.7 BetrVG**,
   d.h., die Schulung muss als geeignet anerkannt sein.
   Jedes Betriebsratsmitglied hat pro Amtszeit Anspruch auf bezahlte Freistellung von insgesamt drei Wochen.

   Beispiele:

   Sozialrecht, Betriebswirtschaft, Arbeitswissenschaft

   Hier: **Arbeitgeber muss Lohnfortzahlung, aber keine Seminarkosten übernehmen.**

KARTE 1.160

?

Ist eine gewerkschaftspolitische Betätigung der Betriebsratsmitglieder im Betrieb erlaubt?

Dürfen Gewerkschaftsmitglieder an Sitzungen des Betriebsrats teilnehmen?

Ist eine gewerkschaftspolitische Betätigung der Betriebsratsmitglieder im Betrieb erlaubt?

Ja, dem einzelnen Betriebsratsmitglied ist eine gewerkschaftliche Betätigung erlaubt gem. ***§ 74 Abs.3 BetrVG***, sie sind aber zur **neutralen Amtsführung** nach § 75 Abs.1 BetrVG verpflichtet, d.h.,

- der Betriebsrat hat kein Recht, seine Amtsstellung für die Mitgliederwerbung einer Gewerkschaft auszunutzen.
- Friedenspflicht der Betriebsratsmitglieder gem. § 74 Abs.2 S.2 BetrVG:

  Friedenspflicht bedeutet, dass Maßnahmen des Arbeitskampfes zwischen Arbeitgeber und Betriebsrat im Interesse eines geordneten Arbeitsablaufes unzulässig sind. Arbeitskämpfe sind ausschließlich den Tarifpartnern vorbehalten.

Dürfen Gewerkschaftsmitglieder an Sitzungen des Betriebsrats teilnehmen?

Auf Antrag von einem **Viertel der Mitglieder des Betriebsrats** kann ein Beauftragter einer im Betriebsrat vertretenen Gewerkschaft an den Sitzungen beratend teilnehmen, ***§ 31 BetrVG.***

KARTE 1.161

? Erläutern Sie die Aufgabe der Jugend- und Auszubildendenvertretung JAV.

Nennen Sie zwei Rechte der JAV.

Erläutern Sie die Aufgabe der Jugend- und Auszubildendenvertretung JAV.

Die Jugend- und Auszubildendenvertretung JAV ist die **Interessenvertretung aller jugendlichen Arbeitnehmer und aller Auszubildenden** eines Betriebs, *§§ 60 ff BetrVG.*

Aufgabe der JAV:

Die Jugend- und Auszubildendenvertretung hat die Aufgabe, die Interessen der jugendlichen Arbeitnehmer **und** (neu seit 18.06.2021) aller Auszubildenden über den Betriebsrat wahrzunehmen, *§ 70 Abs.1 BetrVG,*

z.B. Beantragung von Maßnahmen für die Ausbildung, Überwachung der geltenden Gesetze, Weitergabe von Anregungen und Beschwerden.

Nennen Sie zwei Rechte der JAV.

Die Rechte der JAV sind insbesondere

- Teilnahme an Sitzungen des Betriebsrates, *§ 67 Abs.1 BetrVG*
- Stimmrecht bei Angelegenheiten, die überwiegend jugendliche Arbeitnehmer oder Auszubildende betreffen, *§ 67 Abs.2 BetrVG*
- Anspruch auf unbefristete Weiterbeschäftigung,
  d.h., ein Auszubildender, der Mitglied der JAV ist bzw. war, hat Anspruch auf einen unbefristeten Arbeitsvertrag, *§ 78a Abs.2 BetrVG*

KARTE 1.162

?

Erläutern Sie die Voraussetzungen für die Errichtung einer Jugend- und Auszubilden-denvertretung JAV.

Wer ist bei der JAV wahlberechtigt und wer ist wählbar?

Erläutern Sie die Voraussetzungen für die Errichtung einer Jugend- und Auszubildendenvertretung JAV.

In Betrieben mit **mindestens fünf Arbeitnehmern, die das 18. Lebensjahr noch nicht vollendet haben** (= jugendliche Arbeitnehmer) **oder die zu ihrer Berufsausbildung beschäftigt sind** (= Auszubildende), können Jugend- und Auszubildendenvertretungen gewählt werden, ***§ 60 Abs.1 BetrVG.***

Wer ist bei der JAV wahlberechtigt und wer ist wählbar?

Wahlberechtigt sind alle Jugendlichen, die am Wahltag das 18. Lebensjahr noch nicht vollendet haben und alle Auszubildende (= **aktives Wahlrecht**), ***§ 61 Abs.1 BetrVG***.

Wählbar sind alle Arbeitnehmer, die das 25. Lebensjahr noch nicht vollendet haben **oder** die zu ihrer Berufsausbildung beschäftigt sind (= **passives Wahlrecht**), ***§ 61 Abs.2 BetrVG***. **Aber,** Mitglieder des Betriebsrats können nicht zu Jugend- und Auszubildendenvertretern gewählt werden, § 61 Abs.2 S.2 BetrVG.

Hinweise:

- **Änderungen** der JAV-Regelungen durch das **Betriebsrätemodernisierungsgesetz** vom 18.06.2021. **Keine Altersgrenze mehr von 25 Jahren bei Auszubildenden**, d.h., alle (!) Auszubildenden sind sowohl wahlberechtigt als auch wählbar.
- Die regelmäßige Amtszeit der JAV beträgt zwei Jahre, § 64 Abs.2 S.1 BetrVG.
- Die regelmäßigen Wahlen der JAV finden alle zwei Jahre in der Zeit vom 01.10.- 30.11. statt, § 64 Abs.2 S.4 BetrVG.

KARTE 1.163

? Was versteht man unter Mitbestimmung und Mitwirkung des Betriebsrates?

ANWENDEN (beachten)

Was versteht man unter Mitbestimmung und Mitwirkung des Betriebsrates?

Mitbestimmung des Betriebsrats	Mitwirkung des Betriebsrats
D.h., Zustimmung des Betriebsrates ist erforderlich	D.h., Betriebsrat hat kein eigenes Mitentscheidungsrecht
Beispiele: ■ Zustimmungsrecht/ Vetorecht ■ Mitbestimmungsrecht/ Initiativrecht ■ Widerspruchsrecht	Beispiele: ■ Unterrichtungsrecht ■ Informationsrecht ■ Anhörungsrecht ■ Vorschlagsrecht ■ Beratungsrecht

Hinweis:

Auf **Betriebsebene** vertritt der Betriebsrat die Interessen der Arbeitnehmer.

KARTE 1.164

?

Nennen Sie je zwei Mitwirkungs- sowie Beschwerderechte des Arbeitnehmers aus dem Betriebsverfassungsgesetz.

Nennen Sie je zwei Mitwirkungs- sowie Beschwerderechte des Arbeitnehmers aus dem Betriebsverfassungsgesetz.

Die Arbeitnehmer haben folgende Mitwirkungsrechte:

- Anhörungsrechte und Erörterungsrechte bei Angelegenheiten, die den Arbeitnehmer betreffen, *§ 82 BetrVG*
- Einsicht in die Personalakte, *§ 83 BetrVG*

Die Arbeitnehmer haben folgende Beschwerderechte:

- Recht der Arbeitnehmer, sich bei den zuständigen Stellen des Betriebes zu beschweren, *§ 84 BetrVG*
- Recht der Arbeitnehmer, Beschwerde beim Betriebsrat einzulegen, *§ 85 BetrVG*

KARTE 1.165

?

Was versteht man unter einer Einigungsstelle und wer trägt die Kosten dafür?

Aus welchen Personen besteht die Einigungsstelle und welche Wirkung hat der Beschluss der Einigungsstelle?

Was versteht man unter einer Einigungsstelle und wer trägt die Kosten dafür?

Die Einigungsstelle ist ein Gremium, eine Art **„betriebliches Schiedsgericht"**, das bei Streitigkeiten zwischen Betriebsrat und Arbeitgeber entscheidet. Es dient dazu, gescheiterte Verhandlungen zwischen Arbeitgeber und Betriebsrat zu einer Einigung zu führen, ***§ 76 BetrVG.***

Die **Kosten für die Einigungsstelle** muss der **Arbeitgeber** nach § 76a Abs.1 BetrVG tragen.

Aus welchen Personen besteht die Einigungsstelle und welche Wirkung hat der Beschluss der Einigungsstelle?

Die Einigungsstelle besteht aus einer **geraden Anzahl von Beisitzern**, die jeweils zur Hälfte vom Betriebsrat und vom Arbeitgeber bestellt werden, § 76 Abs.2 S.1 BetrVG. Aber, die Mitglieder der Einigungsstelle müssen nicht aus dem Betrieb sein, für den die Einigungsstelle zuständig ist.

Beide Seiten müssen sich anschließend auf einen unparteiischen Vorsitzenden einigen, § 76 Abs.2 S.1 BetrVG.

Bei Streitigkeiten über die Besetzung der Einigungsstelle entscheidet das Arbeitsgericht, § 76 Abs.2 S.2 und 3 BetrVG und § 100 Abs.1 S.1 ArbGG.

Wirkung des Beschlusses der Einigungsstelle:

Im Bereich der erzwingbaren Mitbestimmung **ersetzt** der Spruch der Einigungsstelle die Einigung zwischen Arbeitgeber und Betriebsrat.

KARTE 1.166

? Erläutern Sie fünf Rechte des Betriebsrates in sozialen Angelegenheiten.

Erläutern Sie fünf Rechte des Betriebsrates in sozialen Angelegenheiten.

Der Betriebsrat hat in sozialen Angelegenheiten, soweit eine gesetzliche oder tarifvertragliche Regelung nicht besteht, mitzubestimmen. Diese Mitbestimmungsrechte sind in **§ 87 BetrVG** abschließend aufgezählt. Die wichtigsten Mitbestimmungsrechte in sozialen Angelegenheiten (Auszug):

Nr. 1	Fragen der Ordnung im Betrieb	Darunter fallen alle **Anweisungen des Arbeitgebers**, die die Ordnung des Betriebes und das Verhalten der Arbeitnehmer betreffen. Bsp.: Alkoholverbot, Rauchverbot, Arbeitskleidung, Kleiderordnung, Torkontrollen, private Nutzung des Telefons/Internets, Alkoholtest, Taschenkontrollen, Radio hören, Parkplatzordnung etc.
Nr. 2	Arbeitszeit	**Beginn und Ende der täglichen Arbeitszeit,** Verteilung der Arbeitszeit auf die Wochentage, Lage und Dauer der Pausen, Einführung von Gleitzeit, Rufbereitschaft, Schichtarbeit, Jahresarbeitsgleitzeiten
Nr. 3	Arbeitszeit	**Vorübergehende** Verkürzung und Verlängerung der betriebsüblichen Arbeitszeit Bsp.: Überstunden, Kurzarbeit
Nr. 4	Arbeitsentgelt	**Ort, Zeit** (d.h. Zahlungszeiträume, Abschlagszahlungen) und **Art** (Barzahlung, Überweisung, Scheck, Kontogebühren) **der Auszahlung der Arbeitsentgelte** (wie Lohn, Provision, Urlaubsgeld)
Nr. 5	Urlaub	Betriebsferien, Urlaubssperren, Eintrag in Urlaubslisten und deren Zeitpunkt, Aufstellung des Urlaubplans; Richtlinien und Grundsätze für Urlaubsgewährung, Sonderurlaub, Bildungsurlaub und für unbezahlten Urlaub/Freistellung etc.
Nr. 6	Überwachungseinrichtungen	Optische, akustische, mechanische oder elektronische Überwachungssysteme. Hier reicht es aus, dass die technische Einrichtung (wie Kamera, Software etc.) die Möglichkeit zur Überwachung eröffnet
Nr. 8	Sozialeinrichtungen	**Form und Ausgestaltung** von Sozialeinrichtungen Bsp.: Kantine, Sportanlagen, Betriebskindergärten, Bibliotheken, Erholungseinrichtungen
Nr. 10	Entlohnungsgrundsätze	Grundsätze der betrieblichen Entgeltgestaltung wie übertarifliche Zulagen, Ergebnisbeteiligung, Prämien etc.

KARTE 1.167

? Erläutern Sie drei Rechte des Betriebsrates in personellen Angelegenheiten.

ANWENDEN (beachten)

1.9.8 Beteiligung des Betriebsrates in personellen Angelegenheiten

Erläutern Sie drei Rechte des Betriebsrates in personellen Angelegenheiten.

Personalplanung, § 92 BetrVG	**Informationsrecht:** Der Arbeitgeber hat den Betriebsrat über die Personalplanung zu unterrichten.
Personalfragebogen und Beurteilungsgrundsätze, § 94 BetrVG	**Zustimmungspflicht:** Personalfragebögen und Beurteilungsgrundsätze bedürfen der Zustimmung des Betriebsrats.
Betriebsinterne Ausschreibung, § 93 BetrVG	Der Betriebsrat **kann verlangen**, dass Arbeitsplätze vor ihrer Besetzung innerhalb des Betriebs ausgeschrieben werden.
Auswahlrichtlinien für die Einstellung, § 95 BetrVG	**Zustimmungspflicht:** Richtlinien über die personelle Auswahl bedürfen der Zustimmung des Betriebsrats.
Angelegenheiten der Berufsbildung, §§ 96-98 BetrVG	**Mitbestimmungsrecht:** ■ Der Betriebsrat hat die Berufsbildung zu fördern. ■ Der Betriebsrat hat bei Einrichtungen und Maßnahmen der Berufsbildung, sowie bei der Durchführung von betrieblichen Bildungsmaßnahmen mitzubestimmen.
Hauptfall der personellen Einzelmaßnahmen: Einstellung, Versetzung sowie Ein- und Umgruppierung, § 99 BetrVG	**Vetorecht des Betriebsrates:** Der Betriebsrat muss vor jeder Einstellung, Versetzung sowie Ein- und Umgruppierung seine Zustimmung erteilen, unter der Voraussetzung, dass im Unternehmen mindestens 20 wahlberechtigte Arbeitnehmer regelmäßig beschäftigt werden.

KARTE 1.168

? Welche Reaktionen des Betriebsrats sind bei Einstellung, Versetzung sowie Ein- und Umgruppierung von Arbeitnehmern möglich?

Welche Reaktionen des Betriebsrats sind bei Einstellung, Versetzung sowie Ein- und Umgruppierung von Arbeitnehmern möglich?

1. Der Betriebsrat kann der geplanten Maßnahme **zustimmen.**

   Mit Erhalt der Zustimmung des Betriebsrates kann der Arbeitgeber die geplante Maßnahme durchführen.

2. Der Betriebsrat kann zur geplanten Maßnahme **schweigen.**

   Äußert sich der Betriebsrat innerhalb einer **Frist von einer Woche** nach Anhörung durch den Arbeitgeber nicht, **gilt seine Zustimmung als erteilt** (= **Zustimmungsfiktion**), ***§ 99 Abs.3 BetrVG.***

3. Der Betriebsrat kann seine **Zustimmung** zu der geplanten Maßnahme nach ***§ 99 Abs.2 BetrVG*** **verweigern**. Die Zustimmungsverweigerung muss schriftlich unter Angabe von Gründen erfolgen.

   → **Aber**, nur wenn ein Fall des § 99 Abs.2 BetrVG vorliegt, kann der Betriebsrat die Zustimmung wirksam verweigern.

   → Wenn der Betriebsrat seine Zustimmung verweigert, muss er dies schriftlich **innerhalb einer Woche** mitteilen, § 99 Abs.3 BetrVG. Der Betriebsrat muss ausführlich darlegen, warum er einen der sechs Zustimmungsverweigerungsgründe für gegeben erachtet.